L'ITALIE

EN 1865

SOUVENIR D'UNE MISSION A FLORENCE

A l'occasion du 600ᵉ anniversaire de Dante

PAR

C. HIPPEAU

<table>
<tr><td>CAEN
TYP. F. LE BLANC-HARDEL
Rue Froide, 2</td><td>PARIS
LIBRAIRIE CENTRALE
66, Boulevard des Italiens</td></tr>
</table>

1866

L'ITALIE

EN 1865

L'ITALIE

EN 1865

SOUVENIR D'UNE MISSION A FLORENCE

A l'occasion du 600ᵉ anniversaire de Dante

PAR

C. HIPPEAU

CAEN	PARIS
TYP. F. LE BLANC-HARDEL	LIBRAIRIE CENTRALE
Rue Froide, 2	66, *Boulevard des Italiens*

1866

Cʜᴀʀɢᴇ́ par S. Exc. M. Duruy, ministre de l'instruction publique, de représenter l'Université de France, avec MM. Mézières, professeur à la Faculté des lettres de Paris, et Hillebrand, professeur à la Faculté des lettres de Douai, aux fêtes célébrées à Florence en l'honneur du six-centième anniversaire de Dante, j'ai été heureux d'une mission qui m'a permis de revoir l'admirable pays que j'avais déjà parcouru en 1859, et de visiter successivement, en quittant Florence, Ravenne, Bologne, Modène, Padoue, Venise, Milan, Turin et Gênes.

Les fêtes de Florence ont eu, non-seulement en Italie, mais encore dans toute l'Europe, un immense retentissement. L'hommage rendu à l'illustre auteur de la *Divine Comédie* n'était rien moins qu'une manifestation solennelle des sentiments du pays, qui considère Dante comme la plus haute expression du génie de l'Italie et comme l'interprète de ses plus ardentes aspirations.

Déjà, à mon premier voyage en Italie, au lendemain de Palestro, de Magenta et de Solférino, j'avais pu assister au magnifique réveil d'une nation qui se sentait, grâce à l'épée victorieuse de la France, appelée aux destinées nouvelles dont elle venait elle-même de prouver, d'une manière éclatante, qu'elle était tout-à-fait digne.

Alors, dans les salons d'une femme d'un grand esprit et d'un grand cœur, Mme la comtesse Peruzzi (1), dont le mari a déjà pris et doit prendre encore une bien grande part à la transformation de l'Italie, j'avais pu être témoin de l'enthousiasme avec lequel les habitants des diverses provinces saluaient l'avènement prochain de l'unité italienne. Tandis

(1) Je saisis avec plaisir cette occasion pour offrir à Mme Peruzzi l'hommage de ma profonde gratitude. La conversation si vive et si spirituelle de cette femme distinguée, son patriotisme communicatif, la gracieuse amabilité de son caractère gagnent à la cause italienne tous les étrangers qui ont le bonheur d'être admis dans son intimité.

que l'on considérait en France cette idée
comme une chimérique utopie, on ne doutait
pas plus de sa réalisation prochaine à Turin,
à Florence et à Bologne qu'à Naples et à Pa-
lerme. Le député Buoncompagni venait, après
une conférence mémorable, de gagner à la
cause de l'annexion M. Ricasoli, devenu son
défenseur le plus ferme, après en avoir été
l'antagoniste le plus prononcé. Les hommes
distingués qui me parlaient à cette époque des
événements dont leur chère Italie avait été le
théâtre : le comte Mamiani, l'ancien ministre
de Pie IX, le grand écrivain et l'éminent pu-
bliciste ; Michel Amari, le savant auteur de
l'Histoire de la domination arabe en Sicile ;
Ridolfi, le promoteur de toutes les améliora-
tions agronomiques (1) ; l'abbé Lambruschini,
l'inspecteur dévoué aux progrès de l'instruction
primaire ; l'historien Cesare Cantù ; l'illustre
organisateur des magnifiques archives de Toscane, M. Bonaini ; M. Passerini, l'un des
hommes qui connaissent le mieux les anciennes
familles de Florence ; le savant et laborieux
Canestrini, connu de tous les Français qui

____

(1) La mort a enlevé depuis cet excellent citoyen.

ont eu à faire des recherches dans les bibliothèques ou les archives de Florence ; le doyen des patriotes italiens, le vénérable Gino Capponi ; les professeurs de l'Université de Pise, Centofanti, le spirituel littérateur ; Comparetti, le savant helléniste ; Ferrucci, célèbre par ses propres travaux et par les admirables poésies de sa fille bien-aimée, enlevée prématurément à sa tendresse ; tous ces Italiens, pleins de confiance dans l'affranchissement plus ou moins prochain de leur patrie, je les ai trouvés en 1865 en pleine possession de cette liberté et de cette indépendance, après lesquelles l'Italie a vainement soupiré pendant tant de siècles. Ils étaient heureux de la présence des délégués de toutes les parties de la péninsule, venant au pied de la statue du grand poète florentin, proclamer, en quelque sorte, par un nouveau plébiscite, la fondation du royaume d'Italie.

L'homme qui avait le privilége de passionner ainsi, non-seulement les classes élevées, mais la foule elle-même, partage avec Homère l'honneur d'avoir, dans une immortelle épopée, résumé toute la civilisation de son temps ; en revêtant d'une forme poétique admirable les sentiments généraux de l'humanité. Il semblerait d'abord qu'il ne dût y avoir rien de commun entre les aspirations religieuses et politiques d'un poète du XIIIe siècle et l'esprit du XIXe. Mais Dante a eu le pressentiment de la réunion de l'Italie en un seul corps de nation; il a lutté avec énergie pour la séparation absolue du gouvernement temporel, représenté par les empereurs, et du gouvernement spirituel, représenté par les papes; et cela a suffi pour que son nom fût considéré comme un point de ralliement, comme une sorte de drapeau, autour duquel sont accourus tous ceux qui poursuivent, dans les temps modernes, la réalisation de ces deux grandes idées d'un penseur du moyen-âge.

Pour comprendre l'immense popularité de Dante et pour apprécier convenablement la nature et la portée de son œuvre, il est nécessaire de ne pas séparer son histoire de celle de sa patrie et de chercher, dans les tumultueuses annales de cette cité fameuse, l'explication de ses préférences et de ses haines, de ses luttes et de ses malheurs.

II.

PERSONNE n'ignore qu'après la chute de l'Empire romain d'Occident, l'Italie fut tour à tour conquise et gouvernée par les Hérules, les Goths et les Lombards.

Charlemagne, en renouvelant cet empire, confia l'administration des provinces et des villes d'Italie à des lieutenants qui prirent, dans la Péninsule comme dans les autres contrées de l'Europe, les titres de ducs, de marquis, de comtes, etc.

Florence, fondée par les Étrusques, était sortie de son obscurité au temps de Sylla. Devenue fief de l'Empire depuis Charlemagne, elle se développa sous la souveraineté des empereurs d'Allemagne, successeurs de ce grand monarque. Elle fut donnée en fief au Saint-Siége, ainsi que le reste de la Toscane, par la fameuse comtesse Mathilde, et, comme les empereurs soutinrent leurs droits contre la Papauté, Florence fut, comme le reste de l'Italie, partagée en deux factions, dont l'une tenait pour l'empereur et l'autre pour le gouvernement pontifical. De là les noms de *Gibelins*, partisans de l'Empire, et de *Guelfes*, partisans de la Papauté.

Ces noms de Guelfes et de Gibelins changèrent plus d'une fois de signification. Le plus souvent, le parti des Gibelins prit en main les droits des seigneurs féodaux et des habitants des campagnes contre les Guelfes, défenseurs des libertés municipales et des peuples des villes. C'est ce qui a fait considérer souvent les premiers comme les *aristocrates*, et les seconds comme les *démocrates* du moyen-âge. Attachés à la cause des papes, les Guelfes sont, pour quelques historiens, les représentants de l'esprit latin, les partisans de la hiérarchie politique. Les Gibelins, soutenant les droits féodaux de l'Empire, ont été signalés comme les champions de la liberté individuelle et les représentants de l'esprit germanique. On peut, sans être accusé d'un scepticisme systématique, voir avant tout dans les querelles des deux partis des conflits privés, des prétentions de familles et des luttes d'intérêts individuels. Ce qu'il y a de certain, c'est qu'aucun d'eux ne demeura constamment fidèle à ses convictions ou à ses préférences, et que les Gibelins, par exemple, tout en reconnaissant théoriquement les droits du *Saint-Empire*, surent lui résister plus d'une fois et défendre contre lui leur indépendance, tandis que plus d'un Guelfe se montra l'adversaire ardent de la Papauté.

Pendant que s'organisait, en 1167, la *Ligue lombarde* contre les empereurs d'Allemagne, Florence s'était peu à peu agrandie et enrichie par son commerce. Machiavel indique comme l'origine des divisions qui éclatèrent entre les Guelfes et les Gibelins, le manque de parole d'un jeune homme de la famille des *Buondelmonti* à une jeune fille de la famille des *Amidei*, qu'il délaissa pour épouser une fille appartenant à une grande maison de Florence. Le jeune homme fut assassiné par les Amidei. Quarante-deux maisons jurèrent de venger sa mort et se rangèrent du parti des Guelfes auquel il appartenait. La ville se trouva dès lors partagée en deux camps.

A Pistoia, dont les habitants étaient connus pour l'âpreté de leur caractère, les factions rivales prirent les noms de *Blancs* et de *Noirs*.

À la suite des brouilleries survenues entre la Cour de Rome et l'empereur Frédéric II, les querelles des Guelfes et des Gibelins se rattachèrent aux luttes religieuses du sacerdoce et de l'Empire. Frédéric, vainqueur, chassa les Guelfes de Florence. Deux ans après (1250), le parti populaire les y rétablit. Les Gibelins ayant appelé à leur secours Mainfroi, fils de Frédéric II, battirent à teur tour les Guelfes qui se retirèrent à Lucques (1260). Les Gibelins voulaient, dans leur colère, détruire Florence : l'énergique résistance du fameux Farinata degli Uberti sauva sa patrie. Une dernière révolution bannit de nouveau les Gibelins (1267), lorsque Charles d'Anjou, frère de saint Louis, fut appelé par les Papes au trône de Naples. Partout alors se releva le parti Guelfe. En 1282, Florence se donna une constitution démocratique et, en 1292, elle finit par exclure la noblesse de toute participation au gouvernement, en assurant la prépondérance à la classe plébéienne. Les Guelfes victorieux se partagèrent bientôt en Guelfes aristocratiques et en Guelfes populaires. Ces derniers, par suite de leur alliance avec le parti des *Blancs* à Pistoia, prirent le nom de

Blancs, et les premiers furent désignés sous celui de *Noirs*.

Mais pendant ce temps-là était né , en 1265, le poète dont les vers sublimes devaient éterniser le souvenir des luttes acharnées auxquelles il a pris lui-même une part si considérable.

III.

ORSQU'AU IXe siècle , Charlemagne , après avoir bâti la ville de Florence, détruite par Totila, y appela de nouveaux habitants, une famille romaine vint s'y établir. Un de ses membres né en 1106, Cacciaguida, épousa une Alighieri , de la maison des Alighieri de Ferrare ; ses fils prirent le nom d'Alighieri , pour distinguer sans doute la branche à laquelle ils appartenaient de celle de leurs aînés. Le troisième Alighieri, époux de Dona Bella, avait comme ses aïeux embrassé le parti des Guelfes. Il fut deux fois banni de sa patrie et c'est pendant qu'il était en exil , que Dona Bella le rendit père d'un fils qui fut baptisé sous le nom

de *Durante*, changé, par une abréviation fami-
lière à l'Italie, en celui de *Dante*.

Les propriétés de la famille Alighieri étaient
situées dans cette partie de la ville qui reproduit le plus fidèlement aujourd'hui la Florence
du XIII° siècle. Elle était resserrée, le long
de la rive droite de l'Arno, dans un espace
borné d'un côté par le pont *alle Grazie* et de
l'autre par le pont *alla Carraia*, entre la place
Ste-Marie-Nouvelle et la place Santa-Croce. J'ai
employé toute une matinée (matinée bien
agréable) à parcourir avec mes compagnons de
voyage, MM. Mézières et Hillebrand, les rues
étroites qui vont de la place du Dôme à l'Arno,
et du vieux palais au palais Strozzi. C'est là que
s'agitait la population la plus active et la plus
énergique du moyen-âge ; là que les membres
des diverses corporations venaient se grouper
autour de la bannière de leur Consul ; là que
se réunissaient, au son de la cloche *Martinella,*
les guerriers se préparant à entrer en cam-
pagne et à défendre le *caroccio*. Notre ami
M. Hillebrand, auteur d'une thèse savante sur
Dino Compagni, nous montrait les maisons
de ces anciens banquiers de Florence enrichis
par les produits de l'Orient, la célèbre rue

Calimala qui, séparant le marché vieux du marché neuf, traverse encore le cœur de l'antique cité.

A l'extrémité de la Calimala sur le *Corso*, nous retrouvions la place des Donati, aujourd'hui habitée par une population misérable, mais rappelant le souvenir d'une famille puissante de Florence, celle de ce Corso Donati qui fut un des ennemis les plus acharnés de Dante.

Nous nous arrêtâmes, avec un sentiment de respect, devant la maison où la tradition fait naître l'auteur de la *Divine Comédie;* on y entre par un escalier de pierre, en forme d'échelle. Cette modeste demeure n'a que deux fenêtres par étage, et se compose de deux chambres étroites, longues, mal éclairées. On croit savoir aujourd'hui que cette maison a remplacé celle où Dante a réellement pris naissance.

Le grand poète perdit son père de bonne heure. La tendresse éclairée de sa mère se plut à cultiver les facultés précoces et puissantes que possédait son fils. Elle lui donna pour maître un des hommes les plus instruits de son époque, Brunetto Latini, qui voulut que son disciple ne fût étranger à aucune des connaissances de son temps. Il étudia le dessin avec Giotto, ce petit pâtre devenu le plus grand peintre de l'Italie, et qui fit oublier Cimabue, et la musique avec Casella, auquel il a dans son poème laissé un touchant souvenir d'amitié. Il n'avait que neuf ans lorsque la vue d'une jeune fille de son âge, Beatrice Portinari, que ses vers ont immortalisée, produisit sur son âme d'enfant une impression si vive et si profonde, que rien ne put dans la suite y effacer cette image ravissante. Le sentiment mêlé de tendresse et de vénération qui s'empara de lui devint la plus puissante inspiration de son génie. Beatrice, qu'il ne rencontra plus tard qu'une seule fois, épousa le chevalier dei Bardi et mourut à 26 ans. Le poète exhala sa douleur dans des vers d'une tendresse ineffable.

Devenu lui-même en 1291 l'époux de Gemma Donati, qui lui donna six enfants, mais auprès de laquelle il ne trouva pas le bonheur, il prit part, aussitôt qu'il le put, aux affaires publiques, comme soldat et comme magistrat, combattit bravement à Campaldino et à Caprone et fut élu, à l'âge de 35 ans, prieur de la République (1300). Envoyé par ses concitoyens auprès du pape Boniface VIII qui venait d'engager Charles de Valois, frère de Philippe-le-Bel, à se rendre à Florence sous prétexte d'y rétablir la paix, Dante s'efforça de faire comprendre au Pape combien il était dangereux de faire appel aux étrangers. Alors commença cette longue série de malheurs dont le reste de son existence fut abreuvé. Son mérite avait excité l'envie; sa franchise lui créa des ennemis mortels. Le parti des *Noirs*, auquel il appartenait, fut vaincu et il se vit, pendant son absence, banni de sa patrie, proscrit sans avoir été entendu et dépouillé de tout ce qu'il possédait, malgré ses énergiques protestations (1). Il apprit alors, comme il l'a dit lui-même, dans des vers souvent cités, « combien est amer le pain de l'étranger, et combien il est dur de monter ou de descendre l'escalier d'autrui : »

> Tu proverai si come sa di sale
> Lo pane altrui, e com è duro calle
> Lo scender e il salir l'altrui scale.

(1) On a pu lire, dans la salle où ont été exposés les manuscrits de Dante, le livre des condamnations ou *del Chiodo*, contenant les deux sentences portées en latin barbare contre Dante par Cante dei Gabrielli da Gubbio, podestat de Florence, en date des 27 janvier et 10 mars 1302. Dante y est déclaré coupable de *baraterie*, d'*extorsions* et de *lucres iniques*.

IV.

Pendant que Florence lui fermait obstiné-
ment ses portes, ou mettait à son retour
des conditions humiliantes que rejeta le fier
poète, il trouva successivement une hospitalité
plus ou moins empressée dans plusieurs cités où
l'on vient chercher avidement aujourd'hui les
traces de son séjour. M. Ampère a recueilli
dans son intéressant *Voyage Dantesque*, avec
une pieuse curiosité, les souvenirs qu'il a
laissés à Pise, à Lucques, à Pistoia, à Vérone,
où il fut traité en ami par les deux frères Scaligeri, seigneurs de cette cité ; à Casentino,
à Urbino, à Bologne, à Padoue, où il re-
trouva son ancien maître Giotto occupé à
péindre les admirables fresques de l'Arena ; à
Ravenne enfin, où il mourut le 14 septembre
1321, après un exil de vingt années, auprès
de Gui de Polenta, son ami dévoué. N'ou-
blions pas son voyage en France et son séjour
à Paris où il suivit, dans la rue du Fouarre,

les leçons du docte Siger, remis en lumière
par M. J.-V. Leclerc, le vénérable doyen dont
la Faculté de Paris déplore la perte récente. Il
rapporta de ce voyage dans notre pays, avec
quelques préventions contre les Français, bien
d'autres souvenirs dont il serait intéressant de
recueillir des traces dans quelques-uns des
chants du divin poète.

Amant passionné de la liberté, de la vertu,
de la justice, Dante n'a pas épargné les re-
proches à tous les lieux où son âme indignée
ne put supporter le spectacle du mensonge,
de la corruption, de l'avarice, de l'ambition,
causes de ces guerres désastreuses qui mettaient aux prises, les unes avec les autres, les
cités entre lesquelles il aurait voulu voir ré-
gner la concorde et l'harmonie. Longtemps
son ardent patriotisme vit, dans l'intervention
des empereurs d'Allemagne, le seul moyen
de mettre fin à cette sanglante anarchie. Il
lui sembla que, sous leur autorité protectrice,
l'Italie formerait une grande et puissante nation, tandis que l'Église de Rome, renonçant
à cette domination temporelle qui l'avait fait
déchoir de la simplicité et de la pureté évan-
géliques, reprendrait sa légitime influence sur

les esprits et sur les cœurs. Il appela de tous
ses vœux l'intervention de ce Henri de Luxem-
bourg, qu'il eut la douleur de trouver au-
dessous du rôle brillant que la Providence
semblait lui avoir assigné. Henri mourut au
moment où il se proposait de marcher sur
Florence pour y détruire le parti des Guelfes.
Il fallut bien que le malheureux poète renon-
çât à son idée favorite du rétablissement du
Saint-Empire. Dupe de son grand cœur comme
les hommes qui, avant ou après lui, ont
cherché le remède aux malheurs du présent
dans le retour impossible d'un passé condamné à périr, Dante ne vit pas qu'un monde
nouveau, plus éclatant que celui dont il dé-
plorait la chute, allait sortir du chaos où
s'étaient agités ses contemporains. Il se réfugia
dans l'idéal et dans l'art. Sur les ruines de
ses illusions évanouies, il éleva le monument
étrange et grandiose où il a versé son âme tout
entière et gravé en caractères indélébiles l'histoire politique, sociale et religieuse de son siècle.

Les destinées de l'Italie s'accomplirent. Elle
passa des agitations de la *vie féodale* à la féconde activité de la *vie municipale*. Il lui fallut
renoncer, comme l'avait fait le grand poète,

à cette unité pendant bien longtemps irréalisable. De petites souverainetés se fondèrent. Uguccione della Faggiola, puis Castruccio Castracani gouvernèrent Pise et Lucques ; Can della Scala, Vérone, Vicence et Padoue; les Visconti, Milan ; Florence confia l'administration de ses affaires à Gautier de Brienne, duc d'Athènes, qu'elle chassa bientôt. Les rivalités des Ricci et des Albizzi suscitèrent de nouveaux troubles; les corps de métiers se soulevèrent. La populace eut son tour. Les journaliers, ou *Ciompi*, prirent les armes (1378). Le peuple, commandé par Silvestro dei Medici, fut vainqueur et nomma gonfalonier de justice un cardeur de laine, Michel di Lando. Celui-ci prit au sérieux l'autorité dont il avait été revêtu et la défendit contre le peuple lui-même, à l'aide des Alberti et des Medici. Les affaires de la République furent administrées glorieusement pendant trente-cinq années par Maso Albizzi, qui mourut en 1417, après avoir frayé la voie à une famille puissante, celle des Médicis, qui peu à peu parvint à s'emparer du pouvoir et à substituer au gouvernement démocratique de Florence un régime véritablement monarchique.

Au milieu de ces luttes et de ces guerres sans cesse renouvelées, Florence n'avait cessé de grandir : elle comptait alors 150,000 habitants, en y comprenant la population des lieux circonvoisins, et elle était maîtresse de près de la moitié de la Toscane.

On a cru longtemps, et l'on a souvent répété, que les beaux-arts avaient attendu pour produire leurs chefs-d'œuvre l'avènement glorieux des Médicis. C'est une grande erreur. Ce n'est pas sous leur sceptre énervant et corrupteur qu'ont été exécutés les grands travaux de l'architecture, de la sculpture et de la peinture ; ce n'est pas à l'ombre de leur protection fastueuse que se sont produits les artistes et les écrivains de génie. Les caractères énergiques se développent le plus ordinairement au bruit des agitations politiques qui donnent l'essor à leur patriotisme. Dans les temps plus heureux en apparence, parce que le calme règne à la surface, les âmes manquent de ressort, les caractères s'effacent et la vie publique s'éteint, faute d'air et de liberté. N'avons-nous pas vu que c'est au plus fort des luttes qui déchiraient sa patrie, que Dante a composé cette œuvre étonnante dont l'histoire de l'Italie semble n'avoir été depuis qu'un perpétuel commentaire?

L'abbé Gioberti, dans son traité du *Beau*, appelle Dante le créateur de l'épopée catholique, l'écrivain à la fois italien et cosmopolite. Il compare la *Divine Comédie* à l'*Asvata* ou figuier de l'Inde, s'étendant et projetant à l'infini ses rameaux, qui s'implantent dans le sol et y forment une forêt. Non-seulement ce poème ouvrit à la poésie et à la littérature des nations européennes des voies toutes nouvelles, mais il donna naissance à la peinture, à la sculpture et à tous les arts, sortis de la *Divine Comédie*, comme les rejetons de l'arbre oriental sortent du tronc primitif. Il serait trop long de rechercher dans toutes les directions suivies par l'esprit humain, depuis le commencement du XIV⁽ᵉ⁾ siècle, les résultats de l'inspiration Dantesque. En se renfermant dans le domaine des arts du dessin, il y aurait déjà un bel et imposant travail à faire, si l'on voulait seulement étudier les peintures tirées de son œuvre, depuis les miniatures dont sont ornés les manuscrits de ses poèmes jusqu'aux peintures d'Ary Scheffer et de Delacroix, et aux ingénieux dessins de Doré. On ne saurait trop regretter la perte du manuscrit que le grand Michel-Ange, l'admirateur passionné de Dante, avait couvert de ses dessins, sublime *illustration* de l'œuvre du maître. On retrouve, d'ailleurs, Dante tout entier dans ce terrible tableau du *Jugement dernier*, dont la vue rappelle les émotions que fait éprouver la description des sept cercles de l'enfer. M. Ampère m'avait signalé autrefois un tableau de Michel-Ange conservé au palais de la Gherardesca, et représentant la fameuse tour de la Faim, où le comte Ugolin voit ses fils tomber à ses pieds les uns après les autres. J'ai voulu le voir. C'est du Dante tout pur. La Faim, sous les traits d'une horrible vieille, plane au-dessus des personnages et montre à Ugolin ses trois fils mourants ; le père est debout : d'une main il s'appuie au mur du cachot ; de l'autre il presse ses entrailles et regarde en face sa cruelle ennemie ; un des jeunes gens contemple avec une tristesse touchante son frère étendu sans vie à ses pieds. L'Arno est représenté, dans cette poétique composition, détournant les yeux de tant d'horreurs. Le peintre s'est souvenu du poète qui, dans son indignation contre Pise, s'adresse à l'Arno et l'engage à noyer le peuple qui a laissé consommer un si épouvantable forfait.

Sans sortir de Florence, d'ailleurs, on peut aller voir à *Ste-Marie-Nouvelle*, l'Enfer de Dante, dans la grande fresque d'Orgagna. La manière dont le poète avait conçu le séjour des damnés ne fut pas seulement pour les fidèles d'alors une fiction poétique : ils en firent presque un article de foi. Il en est de même des fresques de Taddeo Gaddi et de Simon Memmi, peintes, les premières à la voûte, et les secondes aux murs latéraux de la *chapelle des Espagnols*. Memmi, voulant retracer le tableau de la société civile et ecclésiastique, ou plutôt de l'humanité entière dans toutes les conditions sociales, a emprunté à Dante la conception générale de son œuvre : au centre, le Pape et l'Empereur ; autour d'eux, les portraits des personnages les plus illustres du temps, parmi lesquels Vasari a cru reconnaître Cimabue, Dante, Beatrice, Memmi lui-même, dont la Laura représentait la volonté, comme la Beatrice de Dante était le symbole de la contemplation ; Philippe-le-Bel, Fiammetta, Boccace, Pétrarque, etc. Les Dominicains, *Dominici canes*, mettent en fuite les loups hérétiques et gardent les saintes brebis.

On a comparé Homère à un océan d'où partent les eaux des fleuves et vers lequel les fleuves retournent comme vers leur source. Ce que fut pour les temps anciens le chantre de l'*Iliade* et de l'*Odyssée*, l'auteur de la *Divine Comédie* l'a été pour les temps modernes.

V.

LA pensée de fêter l'anniversaire de la naissance de Dante s'est présentée naturellement à l'esprit des Italiens, le jour où tout leur a semblé concourir à l'accomplissement du vœu le plus cher de leur poète national : la constitution de l'unité de l'Italie. Ce projet avait été mis en avant pour la première fois, en 1858, par un jeune écrivain, M. Guido Corsini, rédacteur d'un journal ayant pour titre *Letture di Famiglia*. Ses persévérants efforts décidèrent, en 1863, la municipalité de Florence à nommer pour l'organisation de cette fête une commission dont il fit partie et dont il devint bientôt l'âme. Secondé par le professeur Nicolas Sanosi et l'ingénieur Mariano Falcini, il s'est acquitté de la tâche qui lui avait été confiée, avec un dévouement et une habileté dignes des plus grands éloges. Les étrangers invités à prendre part aux fêtes organisées à l'occasion du jubilé, n'oublieront pas l'obligeance avec laquelle il leur a fait les honneurs de sa ville natale. Ils n'ont pas conservé moins de reconnaissance envers le magistrat qui, en sa qualité de gonfalonier, a dû présider aux immenses préparatifs d'une fête à laquelle la municipalité de Florence voulait donner non-seulement un caractère national, mais encore un aspect artistique. Le comte Cambray d'Igny, Français d'origine, et fils d'un savant qui a rendu, au dernier siècle, comme organisateur des finances, les plus grands services aux grands-ducs Pierre Léopold et Ferdinand, occupe à Florence une position éminente. Son zèle pour le bien public, son activité, sa haute intelligence, sont universellement appréciés.

Ces importantes fonctions de gonfalonier, que leur origine démocratique rend chères au peuple de Florence, ont été le plus souvent confiées à des hommes de courage et d'initiative, défenseurs nés des intérêts et des droits de la cité.

Leur type le plus illustre est ce Pierre Capponi, qui déploya une si admirable énergie pour résister aux projets de Charles VIII, reçu à Florence comme un hôte, et disposé à traiter la ville en conquérant. Ce prince ayant fait lire devant l'intrépide magistrat un impérieux *ultimatum*, Capponi arracha des mains du Secrétaire le papier qu'il mit en pièces : « Vous pouvez, dit-il fièrement au roi de France, faire sonner vos trompettes : nous ferons sonner nos cloches ! » Puis il sortit avec ses collègues. Charles VIII, étonné, le rappela et se montra plus modéré dans le traité qu'il conclut avec les Florentins.

M. le comte de Cambray d'Igny n'a pas à défendre aujourd'hui sa cité contre l'invasion étrangère. Des jours meilleurs ont lui pour l'Italie. Nous avons trouvé le gonfalonier de Florence préparant tout pour recevoir et installer le Souverain, qui venait s'établir dans sa nouvelle capitale avec ses ministres et les fonctionnaires des diverses administrations, arrivant successivement de Turin. Il s'occupait en même temps, avec une infatigable activité,

de l'organisation des fêtes consacrées à Dante.
Comme tous les hommes distingués de l'Italie
avec lesquels notre position officielle nous a
mis en rapport, M. de Cambray d'Igny est
aussi simple dans ses manières et aussi bien-
veillant qu'il est éclairé. Nous lui exprimions
nos craintes au sujet des changements que
devait entraîner la transformation de la ville
des arts et des musées, en une capitale politique. Il nous répondit en remettant à chacun
de nous une magnifique photographie du plan
de construction arrêté par le Conseil munici-
pal. Grâces à ses soins intelligents, la cité
chère aux artistes, avec ses rues dont chaque
maison rappelle un souvenir, avec ses palais
du XIIIe et du XIVe siècle, assis sur leurs
bases massives aux pierres larges et rudes, et
montrant encore leurs élégants créneaux, leurs
belles fenêtres cintrées et leurs gigantesques
anneaux de fer, sera respectée par le marteau
destructeur. Dans le vaste espace qui s'étend
autour de la cité du moyen-âge, s'élèvera la
ville nouvelle, ayant, si les architectes le
désirent, de larges rues tirées au cordeau,
des maisons à six étages, des squares et des
jardins publics, à l'instar de ceux de Paris.

On sera forcé sans doute d'abattre ces beaux murs d'enceinte, dont l'effet était si pittoresque, pour jeter une ceinture de boulevards autour des deux villes juxta-posées ; mais on laissera debout ces portes monumentales justement admirées, qui, telles que nos portes St-Denis et St-Martin, sembleront être des témoins des anciens âges, conservés debout tout exprès pour assister aux transformations accomplies pour les besoins de la civilisation moderne.

Au reste, cette cordiale réception, cette aimable courtoisie de M. de Cambray d'Igny, je les ai trouvées, j'ai hâte de le dire, chez ceux des habitants de la cité hospitalière avec lesquels d'anciennes liaisons ou des circonstances présentes m'ont mis en rapport. Le gouvernement italien a su un gré infini à M. Duruy d'avoir voulu que la France fût officiellement représentée au Jubilé de Dante. Les recommandations de notre ambassadeur, M. de Malaret, et de notre consul général, M. Poujade, auprès desquels nous avait introduits une lettre de notre ministre des affaires étrangères, nous ont ouvert toutes les portes. J'ai eu le plaisir d'entendre le ministre de l'instruction publique, le baron Natoli, si habilement se-

condé par son secrétaire-général, M. Bianchi,
m'exposer le système qu'il se proposait d'appliquer à l'organisation de l'instruction primaire en Italie. Je l'ai entendu, avec une satisfaction plus vive encore, rendre hommage
au patriotisme éclairé et aux intentions largement libérales, dont fait preuve le ministre
franchement universitaire auquel l'Empereur a
confié la direction de l'instruction publique.
Quelle bonne fortune que celle d'avoir pu recueillir des informations précises sur l'état
actuel des affaires d'Italie et sur les points
les plus intéressants de la politique intérieure
et extérieure, dans de graves entretiens avec
M. Cibrario, l'historien de la maison de Savoie ; avec M. Ratazzi, qui attendait alors avec
confiance le moment, arrivé aujourd'hui, de
reprendre une des premières places dans les
conseils du roi Victor-Emmanuel ; avec le
comte de Castiglione, qu'une recommandation
toute particulière m'a permis de voir d'une
manière plus intime, et auquel sa haute position au palais Pitti n'enlève rien de sa gracieuse simplicité ; avec le célèbre Terenzio
Mamiani, dont la sagesse et l'esprit de conciliation m'avaient charmé, et qui a fait en-

tendre, au banquet donné aux étrangers par l'élite de la noblesse italienne, dans la magnifique salle du palais Serristori, les nobles et patriotiques accents qu'ils ont été si heureux d'applaudir : « C'est une joie pour l'Italie, s'est-il écrié, que de nous voir entourés, non-seulement par les représentants de la France et de l'Angleterre, mais encore par les envoyés de l'Allemagne ! Dites tous à vos compatriotes que vous avez vu sept grandes provinces renoncer spontanément, sur l'autel de la Patrie, à cette autonomie qui, pour quelques-unes, était plus ancienne même que celle de Rome ! Chez d'autres nations, de pareilles unifications n'ont pu s'effectuer qu'au prix des révolutions les plus sanglantes ; mais on peut proclamer avec orgueil que l'Italie seule a offert au monde le spectacle d'une détermination si extraordinaire, s'exécutant d'une manière pacifique ! » M. Mamiani, qui doit une grande partie de sa réputation à ses œuvres littéraires, a proclamé hautement que c'est à ses artistes, à ses historiens, à ses philosophes que l'Italie doit sa résurrection : « Elle leur conservera certainement une éternelle reconnaissance, a-t-il dit en terminant.

Ils ont vécu pauvres , persécutés, exilés comme Dante ; mais il n'en est pas un seul, je dis *pas un seul*, qui ait déshonoré sa plume en la mettant au service de nos oppresseurs ! »

VI.

C'EST le 14 mai 1865 que se sont ouvertes les fêtes de Dante. Le principal objet était l'inauguration, sur la place de Santa-Croce, de la statue du Poète.

Dès sept heures du matin , les différents corps dont devait se composer le cortége se réunissaient sur la place San-Spirito. Deux mille personnes y prenaient place. C'étaient les représentants de l'armée, des administrations, des sociétés savantes, des écoles, des corporations ouvrières , de la presse , des soixante-trois provinces d'Italie , la commission des fêtes, celle du monument de Dante; les municipalités de Florence et de Ravenne fermaient la marche, précédées d'un groupe d'é-

trangers conviés à cette grande solennité (1).
Sur tous les points parcourus par le cor—

(1) Voici, d'après *La Nazione* du 19 mai 1865, la liste des étrangers invités à prendre part aux diverses fêtes de Florence :

Français : MM. Hippeau, Mézières, Hillebrand, délégués de l'Université de France ; Cte Foucher de Careil, Armand Baschet, Beaussire, Jules Amigues, Vilport, La Fenêtre, Fleury, Albittes (Achille), de Wagnonville, Pascal Duprat. (J'ajoute à ces noms ceux de MM. Charles Livet et de La Ferrière-Percy.)

Belges : Lehrens.

Russes : Waldemar Malin.

Allemands : Brockhaus, Humberger, Vogel, Prim (de Bonn), Schwartzemberg, Shanz.

Anglais : Richard Boyle, E. Clarke Barlow, Seymour Kircup, Spence, Lockart, Montgommery, Stuart, Hardman, Charles Dyer.

Plusieurs des personnes mentionnées dans *La Nazione* on adressé, aux feuilles périodiques de la France et de l'Étranger, des détails plus ou moins développés sur les faits intéressants dont elles avaient été témoins. Parmi ces publications, je suis heureux de mentionner la brochure de mon aimable et savant collègue, M. Mézières : *Dante et l'Italie nouvelle*, et l'excellent travail publié par M. La Fenêtre dans la *Revue contemporaine : L'Esprit de l'Italie., à propos des fêtes de Dante.* — Je profiterai de l'occasion pour offrir un mot d'affectueux souvenir à M. Fouques de Wagnonville que j'avais vu, en 1859, travaillant avec l'ardeur d'un Bénédictin aux Archives de Toscane, et que j'ai été heureux de retrouver avec son amabilité ordinaire et ses goûts distingués ; à M. Spence, l'artiste devenu tége, les maisons sont pavoisées, toutes leurs fenêtres drapées de riches étoffes aux mille couleurs. Des banderoles flottent sur des mâts dorés. Partout des cris de joie et des acclamations enthousiastes ; les dames agitent leurs mouchoirs et jettent des fleurs ; la foule salue les drapeaux et les bannières des villes italiennes, et surtout ceux de Venise et de Rome ; elle bat des mains en voyant le drapeau de Solférino et de Magenta porté devant les envoyés de la France. Il n'a pas fallu moins de deux heures pour que le cortége arrivât de San-Spirito à Santa-Croce.

Nous ne savions ce que nous devions admirer le plus, de cet enthousiasme qui faisait rayonner les fronts et remplissait les yeux d'une indicible joie, ou de cet ordre, de ce calme extraordinaires, signes non équivoques des espérances de durable concorde qui faisaient battre tous les cœurs sur tous les points où se portait la foule. Ils n'ont pas été troublés un seul instant, bien que le peuple fût entiè-

millionnaire, qui a voulu fêter aussi Dante à sa manière, en conviant tous les convives du palais Serristori à venir dans sa splendide villa de Fiésole ; à M. Uccelli, enfin, l'un des plus actifs organisateurs des fêtes de Florence.

rement abandonné à lui-même, et qu'aucune intervention militaire ou civile ne prît soin de régler sa marche et de diriger ses mouvements.

L'art et le goût, dont le sentiment ne peut s'éteindre chez les fils de la Toscane , ont présidé à l'ornementation sobre et élégante des cadres présentant des inscriptions destinées à rappeler les principaux événements de l'histoire de Florence, ou quelques traits de la vie du poète.

Près de la place San-Martino, une de ces inscriptions annonçait que dans une maison de chétive apparence était né, au mois de mai 1265, l'auteur de la *Divine Comédie*. La municipalité a voulu acquérir l'habitation que le nom du poète a consacrée; elle a éprouvé, de la part du propriétaire actuel, une résistance contre laquelle Florence a invoqué l'intervention de l'illustre et vénérable Manzoni.

On lisait sur un des côtés du baptistère que les portes de bronze de Ghiberti ont rendu si célèbre :

« Si l'injustice des hommes et des temps a frustré ton cher et constant désir, de recevoir le laurier que tu avais si bien mérité,

dans ce temple de San-Giovanni, où tu reçus
à la fois le nom de chrétien et celui de Dante,

« Ove insieme fosti cristiano e Dante : »

aujourd'hui , Florence et l'Italie posent sur
ton front une couronne plus précieuse , so-
lennel témoignage du retour à des sentiments
plus doux d'un peuple qui avait fait pour toi
une terre de tristesse et de deuil d'une ville
prodiguant à d'autres toutes les joies et toutes
les consolations d'une civilisation célèbre dans
les fastes de l'Histoire. »

Ce beau San-Giovanni, vers lequel se re-
portait tristement dans sa vieillesse le poète
exilé, lui a inspiré des vers bien touchants ;
car, malgré les invectives lancées par lui contre
cette Florence, « mère sans amour » qui
l'avait si cruellement proscrit, Dante chérissait
au fond de l'âme son ingrate patrie :

« S'il arrive un jour que le poème sacré
auquel ont mis la main le ciel et la terre,
et qui m'a fait maigrir pendant tant d'années,
triomphe de l'injustice qui m'exclut de ce beau
bercail où je dormis dans la haine des loups
qui lui font la guerre, — alors, avec une

autre voix , avec une autre toison , je revien-
drai , et sur le font où je reçus le baptême
je prendrai la couronne du poète. »

En 1865 , Florence répondait au vœu du
poète , en lui offrant une couronne plus splendide que celle qui orna les fronts de Pétrarque
et du Tasse.

La maison jadis habitée par la famille Portinari portait cette inscription :

O VOUS QUI PASSEZ PAR LA VOIE D'AMOUR

TOURNEZ LES YEUX VERS LES MURS OU NAQUIT

AU MOIS D'AOUT 1266

BEATRICE PORTINARI

CETTE PREMIÈRE ET CHASTE FLAMME QUI ALLUMA

LE GÉNIE

DE DANTE ALIGHIERI.

Près de Ste-Marie-Majeure :

A BRUNETTO LATINI

MAESTRO DI DANTE

QUI SEPOLTO.

(m' insegnava come l' uom s' eterna.)

Sur le mur qui sert de façade au célèbre

Dôme, à l'église de Santa-Maria-del-Fior, la foule émue lisait ces mots :

« La République de Florence, rivale de la Grèce et de Rome, décrétait, en l'année 1294, la construction de cette merveille de l'art, de ce temple consacré à Dieu et à la Patrie. Trois siècles d'une brillante tyrannie n'ont pu parvenir à en élever la façade. Frères, unis aujourd'hui dans un même sentiment, jurons, au nom du divin Alighieri, de compléter cette œuvre de liberté et de foi, en même temps que nous compléterons la délivrance de l'Italie. »

Près de l'entrée de la même église et en face du campanile de Giotto, une autre inscription rappelait que là avait été enseveli ce fameux patriote, Farinata degli Uberti, dont le poète a éternisé la mémoire.

Sur la place San Spirito :

SUR CETTE PLACE
COMMENÇA LA FURIEUSE SÉDITION
DITE TUMULTE DEI CIOMPI
QUAND EN 1378 LE MENU PEUPLE PRIT LES ARMES
RENVERSA LE GOUVERNEMENT ET NOMMA
GONFALONIER DE JUSTICE

POUR LA RÉFORME DE L'ÉTAT
MICHEL DI LANDO CARDEUR DE LAINE.

Cinquante inscriptions du même genre, placées dans les différents quartiers de la ville, étaient autant d'hommages rendus aux grands hommes ayant reçu le jour sur cette terre privilégiée.

Ces inscriptions étaient dédiées aux personnages suivants : le marquis Ridolfi, Angelo d'Elci, Dino Frescobaldi, Pierre Capponi, Buondelmonti, Robert Dudley, mathématicien et cosmographe du XVIIe siècle, Altoviti, J.-Baptiste Strozzi, Giaccomini, Carnesecchi, savant dans les lettres grecques et latines, victime de la liberté de penser ; Arnolfo et Brunellesco, les grands architectes de Santa-Croce et de Santa-Maria-del-Fior, Berni Gambrelli, Matteo, Villani et Borghini.

VII.

MAIS c'était sur la place où s'élève l'église de *Santa-Croce,* dont la façade en marbre blanc et noir a été construite de 1860 à 1864 par l'architecte Mathas, que la Commission des fêtes avait déployé toutes ses magnificences.

On sait que cette église de Santa-Croce est le Panthéon de Florence. On a vu rarement réunis dans un aussi étroit espace les noms de quatre plus grands hommes, puisque des mausolées funéraires y sont consacrés à Machiavel, à Galilée, à Michel-Ange et à Dante.

Les lieux où a été construite l'église qui a donné son nom à cette place de Santa-Croce n'étaient, au Xe siècle, qu'un marais fangeux. Mais ils furent consacrés plus tard et signalés à la vénération publique par le séjour qu'y fit en 1211, le fondateur des Frères mineurs, le bienheureux saint François d'Assise. Son passage à Florence, désolée par les dissensions politiques, excita un enthousiasme universel. La foule accourut sur les pas du saint homme, volontairement voué à la pauvreté et recherchant les misères de la vie avec autant d'empressement qu'en mettent les autres hommes à courir après la fortune et les jouissances mondaines. Les frères qu'il y laissa, logés d'abord dans des demeures inhabitables pour tous, excepté pour ces amants de la pauvreté , se multiplièrent, entourés du respect des peuples et nourris par la piété des fidèles. La République, qui avait précédemment décrété l'érection de ce fameux dôme désigné sous le nom gracieux de Sainte-Marie-des-Fleurs , voulut aussi qu'une église monumentale fût construite en l'honneur de la Sainte-Croix. Ce fut au grand architecte Arnolfo que fut confiée la construction du nouvel édifice.

Lorsqu'en arrivant sur la place Santa-Croce, il y a quelques années , on apercevait la façade de la célèbre église de ce nom , on éprouvait un fâcheux désappointement. On était accouru avec empressement pour contempler le monument achevé en 1320 , et l'on n'apercevait, de l'immense bâtiment , qu'une haute et large muraille blanchie à la chaux et percée de quelques trous ronds et carrés , semblable à ce qui s'appelle encore aujourd'hui la façade de *Santa-Maria-del-Fior.*

L'église de Santa-Croce, plus heureuse, a maintenant une façade digne d'elle.

Un émule des Giotto et des Michelozzi, M. le chevalier Mathas, se servant habilement d'un ancien dessin du Cronaca , a mené à bonne fin cette grande entreprise, que je lui avais vu commencer en 1859.

Une souscription nationale ouverte par la généreuse initiative d'un des plus honorables habitants de Florence, M. Gargiolli, à qui sa ville natale devait déjà un grand nombre d'établissements d'utilité publique, avait été promptement réalisée. Le vénérable Pie IX, lors de son passage à Florence en 1857, en avait posé la première pierre. Le chevalier Mathas s'était mis résolûment à l'œuvre. J'avais été présenté au courageux architecte, par mon ami, le marquis de Magny, ancien chambellan du grand-duc de Toscane et auteur de ces splendides publications héraldiques, que recommandent un savoir réel et un profond sentiment artistique. Nous descendions avec plaisir des hauteurs de Fiésole, de sa délicieuse *villa Bellagio*, pour suivre de l'œil les progrès de cette grande construction, dont les assises s'élevaient comme par enchantement sous la direction calme et persévérante du chevalier Mathas. Les tables de marbre arrivaient à Florence toutes taillées. Quelques résidus conservés dans l'angle d'une petite cour étaient les seules traces du travail de

sculpture et de polissage de ces vastes matériaux ; les trois espèces de marbre employées
reproduisaient (était-ce par hasard ou avec intention ?) les trois couleurs nationales : le
blanc, tiré de Monte-Altissimo à Scravezza ;
le *vert*, des carrières de Monte-Ferrato, près
de Prato, appartenant à la famille Pazzi ; le
rouge, des carrières de Castagneto, dans les
maremmes de Toscane, appartenant à la famille
des comtes della Gherardesca. L'effet produit
par cette façade, qui frappe les regards aussitôt
qu'on entre sur la place de Santa-Croce, est
à la fois étrange et imposant. Les admirables
sculptures qui décorent et surmontent ses trois
portes mériteraient une description que ne
comportent pas les limites de ce Compte-
rendu (1). Le bas-relief de la porte principale
est du célèbre sculpteur Dupré.

Quant à la vaste place qui s'étend en face
de l'église sur un espace de 8,812 mètres
carrés, elle offrait un intérêt particulier par
les souvenirs qui s'y rattachent. C'est là qu'ont
eu lieu les scènes les plus émouvantes de

(1) J'ai publié, dans la *Gazette des Beaux-Arts* en 1860,
avec une gravure qui représente la façade, une appréciation
des travaux du chevalier Mathas.

l'époque féodale. Au moment où les fureurs
des *Blancs* et des *Noirs* répandaient parmi les
habitants de Florence une sombre terreur, une
foule immense s'était réunie sur la place de
Santa-Croce, pour y entendre un prédicateur,
un frère franciscain, conseillant en termes
touchants la paix et la conciliation à ces âmes
farouches. Parmi les assistants se trouvait mes-
sire Corso Donati, chef du parti des *Noirs*.
Fier de sa beauté, du rang élevé qu'il occupait
dans la cité, il était là, monté sur son cheval
de bataille. Il paraissait écouter avec attention
les paroles du religieux, lorsque tout à coup
il aperçut un de ses ennemis particuliers, Niccola dei Cerchi, appartenant à la faction des
Blancs. Cette vue enflamme sa fureur : il se
précipite à travers la foule vers son rival,
suivi de ses compagnons. Niccola Cerchi cherche à s'enfuir ; Corso Donati l'atteint et le fait
tomber sous ses coups. Lui-même, percé d'un
coup d'épée, périt le lendemain. En 1326, autre
scène : le cardinal Gaëtano degli Orsini, suivi
de la municipalité, prononçait, au milieu
d'une assemblée immense, contre Castruccio
Castracani, le valeureux gibelin, dont les
troupes menaçaient Florence, une sentence

d'excommunication , le déclarait hérétique et enjoignait à tous les habitants de prendre les armes contre lui et ses partisans.

Mais ce ne sont pas seulement les événements de la vie politique qui eurent pour théâtre cette célèbre place de Santa-Croce ; c'est là qu'ont eu lieu dans tous les temps ces fêtes populaires, ces jeux , ces tournois, ces joyeuses distractions que les magistrats mettaient tous leurs soins à organiser pour une population ardente, sensible et avide de plaisirs.

Rien ne pourrait donner une idée de l'enthousiasme qui éclata au moment où les vingt mille spectateurs , occupant les gradins élevés sur les quatre côtés de l'immense place , saluèrent l'arrivée du cortége, qui venait de traverser la ville. Sur le pourtour des gradins, des fresques très-habilement peintes représentaient la vie de Dante, depuis le moment où, pour la première fois , il fut conduit , à l'âge de neuf ans , dans la maison de la jeune fille dont la pensée fut l'inspiration de son génie , jusqu'au jour où les habitants de Ravenne lui rendirent les derniers devoirs.

Ces inscriptions, au nombre de 37, rappelaient les événements suivants :

1° Dante, à l'âge de 9 ans, est conduit par son père dans le palais Portinari, où il rencontre Beatrice, âgée de 8 ans (1274).

2° Dante rencontre dans la rue Beatrice accompagnée de deux dames. Elle salue le poète, qui lui rend son salut (1283).

3° Brunetto Latini donne à Dante, son élève, son ouvrage intitulé *Le Trésor* et le lui recommande (1284).

4° Charles-Martel, fils de Charles, roi de la Pouille, pendant son séjour à Florence, se lie d'amitié avec Dante (1289).

5° Retour de Dante à Florence après la bataille de Campaldino, où il combattit à cheval comme soldat (1289).

6° Dante à cheval assiste, comme soldat, à la destruction du château de Caprone (1289).

7° Le jour de l'anniversaire de la mort de Beatrice, deux personnages de distinction visitent Dante, occupé à dessiner sur une petite table (1291).

8° Dante en compagnie de plusieurs amis, hommes de lettres et poètes, dans sa villa de Camorata (1292).

9° Dante dans l'atelier de Cimabue avec Oderic da Gubbio, Arnolfo et le jeune Giotto (1294).

10° Dante est élu par la corporation des mé-
decins et pharmaciens pour faire partie des
Capitudini (1295).

11° Dante est député à la commune de San
Geminiano pour la fixation de la taille des
Guelfes (1299).

12° Dante, en qualité de prieur de la Seigneurie, discute au milieu du Conseil des Cent
(1300).

13° Dante se rend processionnellement, avec
les autres prieurs et le gonfalonier, à l'église de
San-Giovanni (23 juin 1300).

14° Dante, un des ambassadeurs envoyés à
Boniface VIII, pour le dissuader d'appeler à
Florence Charles de Valois (1301).

15° Les maisons de Dante, condamné à
l'exil, sont dévastées et livrées en partie aux
flammes par les Guelfes (1302).

16° Dante à l'Université de Bologne, en
compagnie de son ami Giovanni del Virgilio
(1305).

17° Dante à la réunion des Gibelins dans
l'église abbatiale de St-Gaudens, au pied des
Alpes (1306).

18° Dante accueilli à Lunigiana par les marquis Marvello et Franceschino Malaspina (1306).

19° Dante envoyé par les marquis Malaspina vers l'évêque de Luna pour la conclusion d'un traité de paix entr'eux (1306).

20° Dante s'unit aux Gibelins, à Arezzo. Il est choisi pour être un des douze conseillers de l'Union, et Alexandre de Romena en est le capitaine (1308).

21° Dante remet au frère Hilaire, prieur de Santa-Croce-del-Corvo, la première partie de son poème, pour être envoyée à Uguccione della Faggiola (1309).

22° Dante soutient une grande discussion théologique et philosophique à l'Université de Paris (1310).

23° Dante à Milan proteste de sa fidélité à l'Empereur Henri VII, roi des Romains (1311).

24° Dante, accompagné des comtes Guidi et des Colonesi, assiste au couronnement de Henri VII à St-Jean de Latran (16 juin 1312).

25° Boson Raffaelli da Gubbio reçoit Dante en son château de Colmollaro (1313).

26° Dante vient habiter le monastère des Camaldules de Santa-Croce de Fonte Avellana (1313-1314).

27° Dante à Lucques, auprès d'Uguccione della Faggiola (1311).

28° Du haut d'une colline, Dante contemple, aux environs du torrent Nievole, le champ de bataille de Montecatini (1315).

29° Uguccione della Faggiola, son fils Neri et Dante, après la prise de Pise et de Lucques, se rendent à Lunigiana (1316).

30° Dante auprès de Can grande Scaligeri à Vérone ; il lui présente les premiers chants du *Paradis*, qu'il lui dédie (1316).

31° Giotto occupé, à Padoue, de peindre les fresques de la chapelle de St-Antoine, reçoit la visite de Dante, son ami (1317).

32° Dante soutient une thèse philosophique dans la chapelle de Ste-Hélène à Vérone, en présence du clergé de cette ville (1320).

33° Gui de Polenta, seigneur de Ravenne, reçoit Dante dans son palais (1320).

34° Dante, à Ravenne, présente à Gui de Polenta Giotto, chargé d'exécuter pour lui quelques œuvres de peinture (1320).

35° Dante expose, devant le sénat de Venise, l'objet de la mission dont l'a chargé Gui de Polenta (1321).

36° Mort de Dante à Ravenne (14 septembre 1321).

37° Cortége funèbre avec lequel Gui de

Polenta conduit les restes de Dante dans l'église des Frères mineurs à Ravenne (1321).

Des cartouches contenaient les images des quarante principaux commentateurs ou traducteurs de la *Divine Comédie*, depuis Jacopo della Lana jusqu'à Alessandro Torri :

XIVe siècle. 1 JACOPO DELLA LANA.

2 PIETRO ALIGHIERI.

3 JACOPO ALIGHIERI.

4 MATTEO TRONTO.

5 GIOVANNI BOCCACCIO.

6 FRANCESCO DA BUTI.

7 BENVENUTO DA IMOLA.

8 FILIPPO VILLANI.

XVe siècle. 9 GUINIFORTO BARGIGI.

10 LEONARDO BRUNI.

11 CRISTOFORO LANDINO.

XVIe siècle. 12 ALESSANDRO MANETTI.

13 ALESSANDRO VELLUTELLI.

14 GIO. BATTISTA GELLI.

15 LODOVICO DOLCE.

16 BENEDETTO VARCHI.

17 BERNARDINO DANIELO.

18 VINCENZIO BUONANNI.

19 JACOPO MAZZONI.

XVIIIe siècle. 20 Francesco Cionacci.

21 Gio. Antonio Volpi.

22 Pompeo Venturi.

23 Giuseppe Pelli.

24 Jacopo Dionisi.

25 Baldassarre Lombardi.

XIXe siècle. 26 Giosafatte Biagioli.

27 Antonio Renzi.

28 Antonio Cesari.

29 Ferdinando Arrivabene.

30 K. L. Kannegiesser.

31 Ugo Foscolo.

32 Henzi Francis Carii.

33 Paolo Costa.

34 Luigi Portirelli.

35 Gio. Giacomo Trivulzio.

36 Colomb de Batines.

37 Gabriele Rossetti.

38 F. R. de Lamennais.

39 Cesare Balbo.

40 Alessandro Torri.

Nous avons regretté de ne pas trouver, à côté du nom de l'abbé de Lamennais, celui de l'auteur de la magnifique traduction en vers français de l'œuvre complète de Dante, M. Louis Ratisbonne (1).

Les armoiries des communes de la Toscane étaient disposées sous les bas-reliefs de l'enceinte, par ordre alphabétique, au nombre de quatre-vingts. Quarante-six pilastres portaient aussi les armoiries des corporations (arts majeurs et arts mineurs) dont se composait la population de la ville au XIV° siècle.

Un orchestre formidable faisait entendre des airs patriotiques ; des chœurs nombreux chantaient des hymnes et des cantates en l'honneur du héros de la fête.

A l'arrivée du roi Victor-Emmanuel, de ce prince appelé à réaliser un des vœux les plus chers de Dante et considéré comme le libérateur, comme le mystérieux *Veltro* dont le poète a prédit la venue, tous les cœurs tressaillent, tous les fronts se découvrent, toutes les mains applaudissent. Après deux courtes harangues, comme les aime le nouveau roi d'Italie, pro-

(1) Nous avons appris depuis que le gouvernement de l'Italie a réparé cette omission, en envoyant à M. Louis Ratisbonne la croix des saints Maurice et Lazare.

noncées avec émotion par le gonfalonier de
Florence et M. l'abbé Giuliani, l'un des
commentateurs de la *Divine Comédie*, le voile
qui couvrait la statue colossale de Dante Alighieri
tombe, et laisse voir l'image du divin poète;
alors les applaudissements redoublent et l'enthousiasme est porté à son comble.

VIII.

LA nouvelle statue de Dante est due au
ciseau d'un sculpteur de Ravenne, inconnu
hier, aujourd'hui célèbre, Enrico Pazzi. La
commune de Ravenne avait, il y a déjà dix
ans, demandé le modèle d'une statue qu'elle
désirait élever en l'honneur du poète dont elle
conserve précieusement les restes. Pazzi fit
et présenta son modèle. Il avait donné à la
figure de Dante cette expression d'indignation
et de colère qui convenait au gibelin persé-
cuté et banni, souffrant plus dans son exil
des maux de son pays, de la corruption des
mœurs et de l'abaissement des caractères,

que de ses propres infortunes. Il semblait
adresser à l'Italie cette apostrophe terrible :

Ahi ! serva Italia, di dolore ostello,
Nave senza nocchiero, in gran tempesta,
Non donna di provincie, ma bordello !

L'œuvre du statuaire fut jugée excellente.
La municipalité de Ravenne recula cependant
devant la dépense que nécessiterait l'exécution
en marbre d'une œuvre qui devait avoir des
proportions colossales. Une société se forma
pour en faire les frais, et c'est à la ville de
Florence qu'elle offrit, en 1865, la statue du
poète que l'Italie se disposait à fêter d'une
manière digne d'une si illustre renommée.

La statue, haute de 5 mètres 68 centimètres,
s'élève sur un riche piédestal de 6 mètres,
exécuté dans le style du XIVe siècle, par l'architecte de Florence, M. Luigi del Sarto.
Les angles sont coupés par des pans, de manière à former un polyèdre de huit faces. La
tête du poète est couronnée de lauriers.
L'ovale de son visage est admirablement formé.
Il a la beauté idéale et la beauté d'expression :
ses yeux respirent la fierté, la lèvre inférieure
de la bouche, légèrement proéminente, respire

le dédain et l'indignation. Une de ses mains ramène et presse sur sa poitrine, comme s'il voulait contenir les sentiments qui l'agitent, sa longue robe, dont les plis retombent naturellement sur la jambe gauche. Sa tête, un peu inclinée en avant, est tournée vers un aigle placé à ses côtés, pour figurer symboliquement l'ancienne Rome et son vaste empire. L'attitude du poëte est simple, grande et digne. Sa main droite tient le manuscrit de la *Divine Comédie*. Des lions se dressent sur chacun des quatre plans formés sur les angles du piédestal et présentent des écus, sur lesquels sont gravés les noms des quatre grands ouvrages dans lesquels Dante a exposé ses convictions religieuses et politiques, ainsi que le souvenir de ses études et les sentiments de son âme : *La Monarchia*, *Il Convito*, *La Vita nuova* et *Il Volgare eloquio*. Sur trois des faces du milieu sont les armoiries des principales villes de l'Italie ; la quatrième porte cette inscription :

A

DANTE ALIGHIERI

L'ITALIA

M D CCCLXV.

L'effet produit par cette œuvre a été saisissant. Le jour où vingt mille personnes l'ont saluée de leurs joyeux hourras a été pour l'artiste un beau moment, bien chèrement acheté, hélas! pendant six années, par les critiques passionnées et les attaques malveillantes que la médiocrité envieuse n'épargne jamais au vrai mérite.

Quelques amateurs peu intelligents, selon nous, auraient voulu que le grand exilé, reparaissant dans sa patrie au milieu des acclamations et des témoignages de repentir de la nation régénérée et libre, n'eût pas présenté par son attitude un fâcheux contraste avec l'allégresse publique. Un visage souriant, satisfait, triomphant, leur aurait semblé mieux approprié aux circonstances. Enrico Pazzi a peint le Gibelin du XIVe siècle et non le Florentin du XIXe; — et il a bien fait !

On peut regretter cependant, au point de vue de la vérité et de l'art, que l'artiste, au lieu de donner seulement au poète l'expression de l'indignation et de la colère, ne se soit pas attaché plutôt à reproduire sur sa belle figure cette gravité sévère, mêlée de tristesse et de douceur, qui devait être le caractère habituel de sa physionomie. Dante n'a pas toujours habité les sombres et terribles profondeurs de l'enfer. Il n'a pas toujours tonné contre ses ennemis ou les ennemis de sa patrie. Il a décrit (on sait avec quelle délicatesse) les saintes joies de la famille, les scènes riantes de la nature, les célestes extases du sentiment religieux. Il avait une taille moyenne, le visage allongé, le nez aquilin, les joues larges, la lèvre inférieure dépassant la supérieure et annonçant la fermeté, les yeux un peu gros, les cheveux et la barbe épais, noirs et crépus. Dans sa vieillesse, il marchait courbé et d'un pas lent et grave. Son visage portait surtout l'empreinte de la tristesse et de la méditation. Il était civil et d'une politesse exquise dans ses manières, lent à prendre la parole, très-vif à la réplique; il aimait la retraite et la solitude, et ne pouvait s'empêcher de manifester un sentiment de mépris pour les hommes méchants et corrompus. L'étude de tous les traits de son caractère aurait certainement été plus féconde en enseignements et plus utile à M. Enrico Pazzi que la comparaison savante par lui faite des différents portraits de Dante, conçus pour la plupart en vue du sentiment unique, que lui a conservé l'auteur de la statue de la place Santa-Croce.

IX.

'APRÈS quel modèle l'artiste a-t-il voulu reproduire l'effigie de Dante?

Il existe un assez grand nombre de portraits du chantre de la *Divine Comédie*. Son masque était conservé à Ravenne. La famille Torrigiani, à Florence, en possède une copie.

On savait que Giotto s'était, vers l'année 1226, peint lui-même en compagnie de Dante, dans un tableau placé sur l'autel de la chapelle du Podestà. L'on peut supposer qu'il y avait reproduit le portrait original fait par lui à Padoue, en 1306, quand il s'y rencontra avec le poète, son admirateur et son ami. Le maître inconnu qui, en 1337, composa les fresques qui couvraient les murs et la voûte de la même chapelle, introduisit Dante Alighieri parmi les personnages représentés sur la partie inférieure du mur principal, représentant *le Paradis*. Il dut nécessairement copier le portrait peint par Giotto sur le tableau de l'autel; et comme, vers le commencement du XVe siècle, l'autel et le tableau n'existaient plus, les écrivains qui eurent à énumérer les œuvres de Giotto, ne trouvant dans la chapelle d'autre portrait de Dante que celui qui était peint sur le mur, attribuèrent tout naturellement à Giotto les fresques dont l'auteur, ayant vécu plus tard, avait néanmoins reproduit la manière de ce grand peintre. Ce fut l'opinion de Vasari, partagée par tous les critiques jusqu'en ces derniers temps.

Ces belles fresques qui avaient, pendant trois siècles, disparu sous un indigne badigeonnage, ont été rendues à la lumière et restaurées il y a vingt-cinq ans par Antonio Marini, et c'est alors que l'on a pu contempler les véritables traits de cette belle et noble figure de Dante, successivement altérés, depuis le XIVe siècle jusqu'à nos jours, par des reproductions de plus en plus éloignées du type primitif.

C'était d'après le portrait de Giotto, sans doute, que Taddeo Gaddi avait représenté la figure de Dante à l'église de Santa-Croce. Le tableau et le portrait ont disparu depuis 1527.

Giovanni Toscani en avait peint un autre, vers l'an 1420, dans la chapelle Ardinghelli de l'église de Sainte-Trinité. A la même époque, un moine Franciscain, qui commentait la *Divine Comédie* dans l'église de Santa-Maria-del-Fior, y fit représenter le poète en pied, dans un tableau offrant dans le fond une vue de Florence et de la coupole de Brunelleschi. Cette toile a été remplacée par une autre, que l'on voit encore aujourd'hui dans la même église, et qu'avait exécutée, en 1465, Domenico de Francesco, dit Domenico de Michelino, élève de Frà Angelico. Dante y est représenté debout, revêtu d'une robe rouge, au pied des murs de Florence, dont les portes sont fermées pour lui. Il a dans une de ses mains la *Divine Comédie*. Non loin de lui est une voûte souterraine qui conduit à l'Enfer. Dante, en la montrant, semble dire à ses ennemis : « Voyez le lieu dont je dispose ! » Son front incliné exprime cependant plutôt la douleur que la menace, et ce n'est pas dans la vengeance que l'illustre exilé semble disposé à chercher des consolations. Plus loin s'élève la montagne du Purgatoire, sur le sommet de laquelle on aperçoit l'arbre de vie du Paradis terrestre. Le Paradis est figuré par des cercles presque invisibles qui embrassent la totalité du tableau. Deux manuscrits du même temps conservés, l'un à la bibliothèque Riccardienne et l'autre à la Palatine, contiennent deux miniatures représentant encore le grand poète.

A partir du XVI⁰ siècle, les différents portraits de Dante, exécutés sur le marbre ou sur la toile, s'éloignèrent de plus en plus de celui que l'on a retrouvé dans la fresque de la chapelle du Podestà. On a fini par adopter le type consacré par les deux portraits de Dante peints par Raphaël, le premier dans la *Dispute du Saint-Sacrement*, et le second dans son admirable *Parnasse*. On s'est accoutumé à se figurer le poète de Florence comme un vieillard au profil énergique et sévère, au nez aquilin, ayant la lèvre inférieure débordant la lèvre supérieure, comme l'avait représenté Raphaël : et c'est ainsi que l'a conçu, en 1834, l'auteur du mausolée de Santa-Croce, qui, outrant ridiculement le type donné par le maître, a fait de l'auteur de la *Divine Comédie* la vieille femme revêche et maussade que nous connaissons.

La découverte de la fresque de Giotto ne permettra plus aux peintres et aux sculpteurs de se servir désormais de ces fausses images du divin poète, qui, pendant si longtemps, ont été reproduites comme ses véritables portraits.

Une étude comparée de tous les types dont il vient d'être question a permis au sculpteur Enrico Pazzi de composer la médaille frappée en l'honneur du poète et offerte, le 14 mai, au roi Victor-Emmanuel. La grande statue, érigée sur la place de Santa-Croce, et la belle médaille de Pazzi peuvent être considérées comme devant fixer désormais les idées, à quelques modifications près, sur la figure qu'il convient de donner au mystique amant de Beatrice, à l'homme qui ne fut pas seulement le plus grand des poètes, mais le savant le plus universel de son siècle.

Theologus Dantes, nullius dogmatis expers.

X.

L'INAUGURATION de la statue de Dante a été suivie d'un grand nombre de fêtes, de banquets, de bals et autres réjouissances publiques, organisés dans l'intention d'honorer l'homme pour lequel Florence et l'Italie professent un véritable culte. Tous les habitants, rivalisant de zèle, semblaient avoir pris pour devise l'inscription gravée sur le tombeau de Santa-Croce :

ONORATE L'ALTISSIMO POETA.

Le magnifique édifice qui, sous le nom de Bargello et de palais du Podestà, a été longtemps le siége du gouvernement de Florence, paraissait avoir été restauré tout exprès pour servir de théâtre à cette exposition dantesque, qui n'a pas été le moindre des hommages rendus, en cette circonstance, à l'auteur de la *Divine Comédie.* Un des mieux entendus a été la réunion, dans une des salles de ce palais, des divers manuscrits envoyés, sur la demande du gonfalonier, par les différentes villes de l'Italie. L'auteur d'un savant ouvrage sur la *Divine Comédie,* M. Henry Clarke Barlow, estime qu'il existe environ cinq cents manuscrits de ce poème en Europe (1). La Toscane

(1) D'après M. Barlow, Rome et les États-Romains en possèdent 80 ; Naples et la Sicile, 10 ; Venise, 13 ; la France, 40 ;

seule en possède deux cents. Parme, Plaisance, Pistoie, Vérone, Milan, Turin, Bologne, Modène, Sienne, Naples, Ravenne, s'étaient empressées d'envoyer les précieux manuscrits, trésors de leurs archives. Le plus ancien de ces manuscrits, appartenant à la bibliothèque Palatine de Florence, est de 1333 (douze ans après la mort de Dante); le manuscrit du marquis de Landi est de 1336. Les deux auxquels on attache le plus d'importance, pour la pureté du texte, sont au Vatican et à Urbino. On n'en compte que cinq ayant été écrits avant 1350; vingt-sept à vingt-neuf de 1350 à 1400; soixante-neuf pendant le XVe siècle; le reste appartient aux siècles postérieurs. Trois cent cinquante environ contiennent les trois parties du poème. Un grand nombre d'entre eux sont accompagnés des commentaires auxquels a donné lieu la *Divine Comédie*. Celui de Jacopo, fils de Dante, a été composé en 1328; celui de Jacopo della Lana

une centaine environ se trouvent dans les bibliothèques des puissances septentrionales et sont ainsi répartis : Angleterre, 70; Espagne et Portugal, 10; Vienne, 2; Berlin, 1; Dresde, 1; Francfort, 1; Breslau, 3; Goerlitz en Prusse, 1; Stuttgart, 1; Pologne, 1; Danemarck, 3.

en 1339 ; celui de Boccace en 1376 ; celui de Benvenuto d'Imola en 1379 ; celui de Buti, un des meilleurs, a été écrit de 1385 à 1387.

C'était un bien intéressant spectacle que celui de ces manuscrits de tous les formats, en parchemin ou en papier, dont quelques-uns sont ornés de riches miniatures illustrant le texte, dont elles reproduisent les principales scènes. C'est une variété de dessins et de couleurs, et souvent une naïveté d'expression qu'il serait piquant de comparer avec les magistrales compositions d'Ary-Scheffer et de Delacroix et les ingénieux dessins de Doré.

Une autre salle contenait une riche bibliothèque entièrement composée des différentes éditions des œuvres de Dante, depuis la première, imprimée en 1472, jusqu'à la magnifique édition de Plaisance, imprimée en 1865, d'après le manuscrit de Landi.

Une collection d'objets d'art et de raretés archéologiques, appartenant à l'époque de Dante, a rempli plusieurs autres salles du palais du Podestà. Elle mériterait une description spéciale pour laquelle l'espace et le temps me manquent. Le roi Victor-Emmanuel a voulu ouvrir en personne cette belle exposition.

J'ai eu le plaisir de parcourir, à sa suite, les différentes salles qu'il a lentement visitées, s'arrêtant aux œuvres les plus remarquables, et prouvant, par les réflexions judicieuses qu'elles lui inspiraient, que les qualités militaires n'excluent nullement chez Sa Majesté le goût et le sentiment des beaux-arts.

La municipalité de Florence avait offert au roi, à son entrée au Podestà, une épée en fer ciselé, due à un jeune artiste, Guidi, de Pescia. La poignée de l'épée présente deux figures allégoriques de l'*Enfer* et du *Purgatoire,* et le sommet de la garde le symbole du *Paradis*, où sont représentés Dante et Beatrice. L'un des côtés de la lame porte ces mots :

DANTE AU PREMIER ROI D'ITALIE.

Sur l'autre sont gravés ces trois vers, tirés du VIe chant du *Purgatoire,* et choisis très-probablement avant la convention du 15 septembre qui a fait de Florence la capitale de l'Italie :

Vieni a veder la tua Roma, che piage
Vedova, sola, e dì e notte chiama :
« Cesare mio, perchè non mi accompagna ? »

J'ai plusieurs fois entendu les mêmes vers sortir de la bouche des Italiens, pendant ces fêtes mémorables, ainsi que bien d'autres passages de la grande trilogie dantesque faisant aussi allusion à la Ville éternelle, que le sentiment général considère aujourd'hui cependant comme devant être exclusivement le siége du pouvoir pontifical. C'est ainsi que, dans toutes les réunions académiques qui ont eu lieu à Florence, le 15, le 16 et le 17 mai, orateurs et poètes ont eu soin de choisir, pour en faire l'objet de leurs patriotiques commentaires, les appels faits par Dante à la liberté et à l'indépendance de l'Italie, et les invectives éloquentes de l'ardent gibelin contre la Cour de Rome.

Au théâtre Pagliano, les commissaires de la fête avaient eu l'heureuse idée de faire représenter, par des tableaux vivants, les plus remarquables épisodes de l'Enfer, du Purgatoire et du Paradis. On a beaucoup admiré l'art avec lequel ont été rendues ces scènes, dont l'effet était véritablement saisissant. Lorsque les yeux de la foule émue avaient contemplé chacune de ces représentations offrant tous les caractères de la réalité, les artistes les plus renommés de l'Italie, Salvini, Rossi, Gattinelli, auxquels était venue se joindre la Ristori, arrivaient et faisaient entendre les vers du poète toscan. Ces accents sublimes, ouvrant à l'âme les horizons de l'infini, faisaient paraître bien pâles les sensations fugitives produites par la vue d'un spectacle matériel. C'était une fête pour l'intelligence et pour le cœur, que d'entendre réciter par des Italiens ces épisodes de Francesca da Rimini, de Farinata, d'Ugolino, de Sordello, de Cacciaguida, dont le souvenir est toujours présent aux admirateurs de Dante.

Voici le programme de cette représentation :

Vie de Dante.

Le Salut de Beatrice à Dante, Tableau.
Beatrice Portinari. Chœur : paroles de G. Corsini ; musique de Pieraccini.

L'Enfer.

La Louve,   Déclamation des
vers par T. Salvini.
Françoise de Rimini,   Mme A. Ristori.

Farinata,	E. ROSSI.
Les Voleurs,	Le Même.
Le comte Ugolin,	T. SALVINI.

Le Purgatoire.

La Pia,	Mᵐᵉ A. RISTORI.
Sordello,	E. ROSSI.
La Porte du Purgatoire,	T. SALVINI.

Le Paradis.

Piccarda,	Mᵐᵉ A. RISTORI.
Cacciaguida,	L. GATTINELLI.
Saint Pierre,	Le Même.

Apothéose de Dante.

La Divine Comédie. Chœur de ***; musique de L. BETTAZZI.

Bien que quelques-uns de ces épisodes, celui de la *Lupa,* par exemple, et la véhémente apostrophe de saint Pierre ne fussent plus en harmonie avec les idées de conciliation qui prévalent heureusement aujourd'hui en Italie, je dois dire, en historien fidèle, que ce ne furent pas les morceaux le moins chaleureusement applaudis.

XI.

C'EST à Florence, lieu de naissance de Dante, qu'ont commencé les fêtes dont nous venons de tracer une esquisse ; la dernière a eu pour théâtre Ravenne, qui avait reçu son dernier soupir.

Ravenne est une des villes d'Italie que les touristes visitent le plus rarement. Elle est cependant bien curieuse et bien intéressante. Honorius, fuyant le terrible Alaric, s'était réfugié à l'ombre de ses fortifications naturelles ; c'est à Ravenne aussi que s'abritèrent ses faibles successeurs. Théodoric s'en empara après un siége de trois ans, en fit sa résidence et y laissa des témoignages de son goût pour les arts. Après l'expulsion des Goths par Bélisaire, cette ville passa sous l'obéissance des empereurs d'Orient ; et c'est à cette circonstance qu'elle doit l'avantage de posséder les plus anciens monuments de l'architecture chrétienne et de l'art byzantin : à San Nazario e celso, le tombeau de l'impératrice Galla Placidia, et les deux sarcophages qui contiennent les cendres d'Honorius et de Constance ; à Santa-Maria della Rotonda, le tombeau de Théodoric, construit à l'imitation des mausolées d'Auguste et d'Adrien, et couronné d'une coupole monolithe mesurant 34 pieds de diamètre ; dans l'église grecque de San Vitale, les admirables mosaïques exécutées sous le règne de Justinien, et dont les principales représentent l'empereur lui-même, entouré de soldats et de courtisans, et l'impératrice Theodora, accompagnée de ses femmes. On pourrait, en voyant ces mosaïques, qui ont conservé tout leur éclat, se croire à la cour de Constantinople, en plein VIe siècle.

Dans cette ville existait, auprès d'un ancien couvent de Franciscains et sur un terrain où s'élevait jadis un temple consacré à Neptune, deux petites chapelles, dont l'une portait le nom de *capella della Madona,* et l'autre celui de *capella di Braccio forte.* C'est dans la première que Guido di Polenta, seigneur de Ravenne, qui avait offert au noble exilé de Florence une généreuse hospitalité, fit ériger par Pietro Lombardi un mausolée orné de riches sculptures. Dans ce monument, n'ayant d'ailleurs rien de bien remarquable et restauré à plusieurs reprises, notamment en 1481, par les soins de Bernardo Bembo, gouverneur de Ravenne pour le sénat de Venise, et en 1781, par le cardinal Valenti Gonzaga, avait été déposée dans une urne de marbre grec la dépouille mortelle de Dante Alighieri. Mais on sait que, dès le XIVe siècle, le cardinal Beltram del Poggetto avait voulu faire enlever et livrer aux flammes les os de l'auteur du traité de la *Monarchia*, odieux pour bien des raisons au pouvoir pontifical. Les Franciscains, gardiens de ce précieux trésor, le défendirent avec courage. Dante avait voulu mourir avec les habits de leur tiers-ordre : ils ne cessèrent de veiller sur ses restes.

Les Florentins essayèrent en vain, à plusieurs reprises, d'obtenir l'autorisation de transporter dans sa patrie les os du grand gibelin. On avait fini par croire que l'urne dans laquelle Guido di Polenta les avait pieusement enfermés ne les contenait plus ; et tout récemment encore, lorsque à propos de l'anniversaire, la municipalité de Florence adressait une dernière requête au syndic de Ravenne, quelques personnes prétendirent que le syndic avait eu de fort bonnes raisons pour les refuser.

Cependant les fêtes venaient de se terminer à Florence, et toutes les villes des diverses provinces de l'Italie célébraient à leur tour, par des réjouissances publiques, le sixième anniversaire centenaire de l'auteur de la *Divine Comédie*, lorsque le 27 mai arriva, à l'adresse du gonfalonier de Florence, une dépêche télégraphique. Il lui était annoncé que par suite de fouilles pratiquées dans un emplacement contigu au mausolée, on avait mis à découvert une grande caisse portant sur son couvercle l'inscription suivante :

DANTIS OSSA

A ME FRA ANTONIO SANTI HIC POSITA

ANNO 1677 DIE OCTOBRIS.

On peut juger de la joie universelle causée par cette nouvelle inattendue. Au premier bruit de la précieuse découverte, toute la population de Ravenne était accourue. Une enquête solennelle avait été faite par l'ordre de M. G. Rasponi, syndic de la ville et membre de la chambre des députés. Les os contenus dans la caisse constituèrent un squelette presque complet. Puis l'urne du monument fut publiquement ouverte. Elle était vide. On put y recueillir seulement, avec une feuille de laurier dorée, quelques phalanges, précisément celles qui manquaient à la main du squelette que l'on avait découvert. Les savants constatèrent l'existence au XVIIᵉ siècle d'un frère Franciscain, du nom d'Antonio Santi, connu pour avoir été un fervent admirateur de Dante ; ils trouvèrent tout naturel qu'il eût songé à soustraire ses restes aux outrages dont ils avaient été plusieurs fois menacés, en les dérobant furtivement pour les enfouir dans le lieu où un heureux hasard les a fait retrouver.

Quelques réserves que puisse faire à ce sujet une critique rigoureuse, il est difficile de croire à une supercherie dans laquelle des magistrats d'un ordre élevé et la population d'une ville tout entière auraient trempé. Celui qui écrit ces lignes est donc persuadé qu'il a touché la tête qui a conçu et la main qui a écrit la *Divine Comédie* (1). Mais ces restes, si précieux

(1) En regardant la tête de Dante en l'état où elle se trouve après cinq siècles et demi, je me suis souvenu, je ne sais pour-

qu'ils soient, n'ont été pour lui que l'enveloppe périssable d'un génie immortel. Ce génie était une âme, une des plus grandes parmi celles dont l'humanité garde le souvenir. Ce n'est pas à ces quelques débris matériels recueillis par un pauvre moine du XVIIe siècle, que s'adressaient en 1865 les hommages de tout un peuple. L'âme généreuse, objet de l'admiration et des respects du

quoi, de trois vers du Purgatoire (chant XXIII), dans lequel il dit que tout visage humain porte écrit le mot *omo*, homme. Voici le passage dans lequel il expose cette idée étrange. Il s'agit de l'état de dépérissement dans lequel sont, dans le Purgatoire, les gourmands punis par le supplice de la faim :

> Parean l'occhiaie anella senza gemme.
> Chi nel viso degli uomini legge O M O
> Ben avria quivi conosciuto l'EMME.

« Le creux de leurs orbites était comme le chaton d'une bague vide de sa pierre : et pour qui veut lire sur la figure de l'homme OMO, la lettre M aurait été bien distincte. »

Les commentateurs, voulant se rendre compte par le dessin du fait signalé ici par Dante, n'ont pas réussi, selon moi, à le représenter convenablement.

⌐O⌐ et ⌐O O⌐ ne représentent pas plus OMO que cet autre signe ⌐O O⌐, puisqu'il faut nécessairement que les deux o se trouvent placés non en dedans, mais en dehors de la lettre M. La vue du crâne de Dante m'a fourni, je crois, le véritable dessin que voici :

monde est ailleurs : elle ne peut pas plus craindre la destruction que l'oubli (1).

XII.

Après avoir été témoin des honneurs rendus à la mémoire de Dante, j'avais une autre tâche à remplir, la mission qui m'avait été confiée devant être à la fois artistique et scientifique.

L'Italie, si riche en souvenirs de tout genre, peut être étudiée sous bien des aspects divers, et les archives où sont conservés les monuments de son histoire ne sont pas moins précieuses que ses musées. Après la grande bibliothèque du Vatican, où il est si difficile

(1) Il existe encore en Italie une famille portant le nom d'Alighieri, et qui prétend descendre, par les femmes, de l'illustre poète. Un arrière-neveu de Dante, Francesco Alighieri, légua par testament, le 12 août 1558, ses biens aux fils de Ginevra Alighieri arrière-nièce de Dante, mariée à Mario Antonio di Serego, avec l'obligation pour celui-ci de prendre pour lui et pour toute sa postérité légitime le nom d'Alighieri. Ce fait résulte d'une lettre adressée à *La Nazione* de Florence, le 17 mai 1865, par M. Pietro di Serego Alighieri.

de pénétrer, Florence, Sienne, Pise, Modène, Bologne, Turin, Venise possèdent en ce genre des trésors non moins faits pour exciter la curiosité que leurs chefs-d'œuvre de peinture, d'architecture et de sculpture.

Je voulais, pour ma part, découvrir et noter parmi toutes ces richesses historiques, les documents servant à faire connaître quelles ont été, à diverses époques, les relations politiques de la France avec la Cour de Rome. Tel avait été l'objet de ma première visite, en 1850, aux archives de Florence. Je ne pouvais négliger la nouvelle occasion qui se présentait de compléter mes recherches. J'avais été devancé, dans ce vaste établissement, par plusieurs savants français dont je devais trouver encore les traces dans plusieurs autres villes d'Italie : M. Thiers y était venu puiser aux meilleures sources les éléments de son *Histoire de Florence;* M. Fouques de Wagnonville, qui y a en quelque sorte élu domicile pendant vingt ans, y avait recueilli d'immenses matériaux; puis, étaient venus successivement, en 1853, M. Ampère, si bien informé de tout ce qui peut intéresser l'Italie; en 1854, M. Abel Desjardins, étudiant avec M. Canestrini les relations des ambassadeurs de Florence ; en 1855 , M. Foucher de Careil , à la recherche des papiers de Leibnitz ; en 1856, M. Geffroy, s'occupant de ce qui concernait Christine de Suède et Philippe V ; en 1860, M. Lepelletier, pour son Histoire du fameux confident de Richelieu , le P. Joseph ; M. Daremberg, pour son Histoire de la médecine, et puis M. Feuillet de Conches , l'habile et patient investigateur ; MM. Busoni , de La Ferrière , pour la Correspondance de Catherine de Médicis. C'est ainsi que je devais rencontrer à Turin les traces du passage de la comtesse della Rocca (Correspondance de la duchesse de Bourgogne) ; de MM. Béhic , en 1842 ; Eugène Ney , en 1844 (Histoire de la maison de Savoie) ; du comte de Bastard, en 1845 ; de M. Royer-Collard , en 1847 ; de MM. Michelet et Théodore de La Borde , en 1855 ; à Venise , le souvenir des excellents travaux de MM. Tommaseo, Randon-Brown , Armand Baschet, de Mas-Latride et Cérésole.

Quelques mots d'abord sur ces archives de Toscane, mises dans un ordre si admirable par leur aimable et savant conservateur, M. Bonaini.

Elles occupent au palais des Offices 64 grandes salles formant plusieurs séries , dont les principales sont :

1° Les archives diplomatiques , contenant 126,830 pièces en parchemin, provenant de 344 dépôts particuliers.

2° Les archives des Médicis , 10,600 liasses ou registres.

3°   —   des réformations , 26,800 id.

4°   —   de l'administration de l'État, 28,000 id.

5°   —   de la nonciature, 1,730 id.

6°   —   de la justice , 510 id.

7°   —   des dîmes grand-ducales , 11,000 cartons ou registres.

8°   —   du Mont-Commun, 23,000 id.

9°   —   de l'ancien Domaine, 2,800 volumes.

10°   —   des corporations religieuses (263 couvents supprimés), 23,600 cartons ou registres.

11°   —   des revenus royaux, 28,000 id.

Les dépôts successivement réunis aux archives de Florence, maintenant archives de Toscane, sont ceux d'Urbino, de Piombino, des Cervini de Montepulciano, des Strozzi.

Les dons du marquis Ginori, des frères Giudici et de plusieurs familles distinguées les ont encore enrichies de nouveaux documents importants.

Ceux qui étaient l'objet de mes recherches sont disséminés dans une foule de cartons et de registres, au milieu desquels je pouvais heureusement être guidé sûrement par mon ami, M. Canestrini, aujourd'hui conservateur de la bibliothèque Magliabecchiana.

L'étude de ces documents fera connaître que, depuis saint Louis jusqu'à nos jours, la conduite politique de la France envers la Cour de Rome a toujours été (sauf quelques exceptions regrettables) aussi ferme que modérée, aussi décidée que conciliante. On y découvre, à travers les siècles et sous l'empire des circonstances les plus diverses, une tradition nationale persistante et cherchant, avec le plus grand soin, à séparer la cause de la religion des exigences des intérêts politiques.

Cette continuité de la politique française et son caractère propre ne se déduisent que bien imparfaitement, de la correspondance directe de la Cour romaine avec la France : elle se cache souvent sous les formes trompeuses de la diplomatie. La vérité des faits et leur raison secrète se révèlent plus clairement dans les lettres confidentielles des nonces, soit au Souverain-Pontife, soit aux princes étrangers. Ils y rendent compte de leurs observations et de leurs entretiens ; ils font connaître les opinions et les jugements qu'ils recueillent autour d'eux, et leurs relations sont aux pièces officielles ce que sont aujourd'hui les commentaires de la presse à l'égard des actes politiques des gouvernements, dont elle cherche à expliquer les motifs ou à faire prévoir les conséquences.

Ces communications faites par les nonces à la Cour de Rome, centre de la politique européenne, dans laquelle ses intérêts se sont trouvés à toutes les époques plus ou moins directement engagés, ne sont pas, à beaucoup près, les seuls documents conservés aux archives de Toscane qui puissent utilement servir à l'histoire de nos rapports avec la Cour pontificale. Elles contiennent une foule de copies de notes envoyées par les ambassadeurs de Florence à Rome, à Venise, à Naples, à Milan, à Vienne, en Espagne, en Angleterre et en France, et dans lesquelles est appréciée la politique de notre pays. Les représentants des autres puissances, aussi désireuses d'en pénétrer les secrets et disposées à favoriser ou à entraver sa marche, s'expriment librement dans leurs lettres sur les hommes et sur les choses. Tout en nous apprenant ce que fait la France, ils donnent leur opinion sur les mobiles qui la font agir.

Aussi haut que l'on remonte dans notre histoire, fût-ce jusqu'à Pépin ou à Charlemagne, la France, ayant à traiter en ce qui touche ses intérêts politiques avec la Papauté, devenue puissance temporelle, a su maintenir son droit en présence de prétentions illégitimes, tout en respectant dans le successeur des Apôtres les droits de l'autorité spirituelle, engagée par la force des événements dans les conflits relatifs aux intérêts temporels. La situation faite aux rois de France, devenus par leur sacre non-seulement les alliés du clergé, mais encore membres de l'Église, devait entraîner de périlleuses conséquences. Ils pouvaient se croire autorisés à s'immiscer dans les affaires intérieures de l'Église, tandis que, de leur côté, les papes pouvaient aspirer à ne considérer les rois que comme les exécuteurs de leurs décrets, et chercher à faire prévaloir la doctrine que « ceux qui avaient fait les rois pouvaient les défaire. » La politique des rois de France devait résister à la fois à la tendance qui les aurait conduits à empiéter sur le domaine de l'autorité spirituelle, et aux tentatives beaucoup plus fréquentes faites par le Gouvernement pontifical pour subordonner le pouvoir politique à la suprématie de l'Église.

Les documents que possèdent les archives de Florence sur les démêlés qui ont eu lieu entre Rome et la France, peu nombreux en ce qui concerne les règnes de saint Louis, de Philippe-le-Bel et de Philippe de Valois (c'est au Vatican qu'il faut aller les chercher), sont déjà considérables pour l'époque de Charles VII et de Louis XI; ils abondent pour tous les temps écoulés depuis le XVe siècle jusqu'à nos jours. C'est surtout lorsque nous arrivons au moment où les relations diplomatiques entre les différents souverains ont pour objet principal l'établissement de cet équilibre européen, auquel la France a pris une part si glorieuse, que les archives offrent une ample moisson à faire.

On y trouve des preuves éclatantes de la loyauté et du désintéressement qui caractérisent la politique de la France, et la confirmation de tout ce qu'avaient indiqué les lettres déjà connues de Henri IV, de Richelieu et de Mazarin. Les lettres inédites de ces trois grands hommes sont, à ce point de vue, extrêmement remarquables. J'ai vu, par exemple, entre les mains d'un savant de Rome plusieurs lettres d'Henri IV, dans lesquelles sont exposés à grands traits les principes de la politique actuelle de la France à l'égard de l'Italie. Les lettres de Richelieu sont encore plus dignes d'attention. Elles prouvent que, dès l'année 1626, il songeait à délivrer l'Italie de la domination étrangère, en la faisant évacuer par les Français, les Impériaux et les Espagnols, en provoquant la formation d'une confédération entre les différents États et en fortifiant le Piémont par l'annexion de la Lombardie. Tel était le rôle qu'il assignait à la France en ne demandant, pour prix de ses efforts, comme le devait faire en 1859 l'auteur du traité de Villafranca, que la rentrée en possession de ses frontières naturelles du côté des Alpes.

Tandis que la France, à toutes les époques, accomplit avec plus ou moins de succès sa noble tâche, la Cour de Rome, ainsi que l'attestent les pièces les plus convaincantes, semble condamnée, par la nature même de ce pouvoir temporel qu'elle veut conserver ou agrandir, à une politique beaucoup moins désintéressée.

L'Allemagne, la France et l'Espagne ont été aussi souvent attirées en Italie par la nécessité de secourir la Papauté, menacée dans ses possessions territoriales, que par le désir de se disputer quelques parties de ce malheureux pays, devenu pendant tant de siècles un champ de bataille ouvert à toutes les ambitions, et les intérêts de la Papauté se sont presque toujours trouvés en opposition avec la constitution de l'unité de l'Italie.

Ainsi donc, dans les temps antérieurs, comme dans les temps actuels, se présente cette grande question de l'indépendance de la Papauté, si désirable et si difficile à asseoir sur des bases solides. L'époque des concessions réciproques est-elle arrivée ? Heureuse d'avoir conquis cette unité, objet des aspirations de tant de cœurs généreux, l'Italie adoptera-t-elle, sans arrière-pensée, la belle Florence pour sa capitale définitive ? Comprendra-t-elle combien il importe à son intérêt présent, et à sa grandeur future, de respecter dans Rome la capitale du monde chrétien, et en assurant au Souverain-Pontife qui peut, sans inconvénient, réunir ses deux titres de prince italien et de père des fidèles, une indépendance entière, se mettra-t-elle résolûment. en paix avec elle-même et avec l'Europe? Puissent les leçons du passé, que l'on ne saurait trop souvent mettre sous ses yeux, la maintenir dans les sages résolutions que j'ai rencontrées avec tant de bonheur chez ses citoyens les plus recommandables !

XIII.

JE n'ai pu quitter Florence sans éprouver ce serrement de cœur et cette impression de tristesse qui sont le partage de l'exilé forcé de quitter sa patrie. La ville de Dante et de Michel-Ange n'est-elle pas une seconde patrie pour les hommes épris de la beauté artistique? Le matin du jour fixé pour mon départ, je descendais à pas lents la verdoyante montagne dont le sommet se couronne de l'antique cité de Fiésole, admirant, dans un muet ravissement, le panorama qui se déroulait à mes yeux et dont l'aspect variait selon les caprices de la route dont je parcourais successivement les gracieux méandres. Le soleil venait de se lever : la cité paraissait endormie encore au fond de cette vaste corbeille, dont les bords sont un véritable amphithéâtre de collines sur lesquelles sont jetées, comme autant de points blancs, d'élégantes et gracieuses villas. En face, *San-Miniato*, où l'on peut découvrir encore les restes des fortifications élevées par Michel-Ange, s'improvisant ingénieur militaire pour défendre sa ville natale ; l'église de St-Sauveur, construite par Cronaca, fort admirée du même Michel-Ange, qui l'appelait la *bella villanella* (la belle villageoise) ; enfin la basilique de *San-Miniato al Monte,* avec sa chapelle de St-Jacques, dont la coupole conserve les charmants bas-reliefs de Luca della Robbia ; à droite, les *cascines* (laiteries), admirable promenade baignée par l'Arno, avec ses chênes, ses pins et ses gazons toujours verts.

En promenant mes regards autour de l'horizon, je m'efforçais de découvrir quelques-uns de ces lieux que j'avais visités avec tant de plaisir : le *Poggio imperiale*, avec son avenue d'arbres séculaires ; la villa *Arœtri*, qui servit de prison à Galilée, pendant les dernières années de sa vie ; la villa *Mozzi*, construite par Jean de Médicis, fils de Côme-l'Ancien, célèbre par le séjour qu'y fit Politien, et où devait éclater la conjuration des Pazzi, qui se dénoua sur un plus important théâtre ; le palais ou villa *Careggi*, œuvre brillante de Michelozzo et séjour favori des Médicis. Les souvenirs qu'éveille l'aspect de ces lieux et de tant d'autres effacent l'intérêt que peuvent offrir les villas habitées par les célébrités artistiques et littéraires ou les personnages politiques de notre temps. Ce qui attire exclusivement les regards, c'est tout ce qui rappelle la Florence du moyen-âge, la Florence du XVe et du XVIe siècle. Églises, palais, musées, maisons historiques, chefs-d'œuvre de peinture et de sculpture, se pressent dans l'étroite enceinte autour de laquelle se dessinent les élégantes murailles crénelées, dont les dix portes sont dues aux architectes les plus renommés. Le regard peut embrasser la cité tout entière, avec ses maisons, ses clochers, ses dômes, ses hautes tourelles, et suivre en même temps le cours argenté de l'Arno, coupé de distance en distance par ses quatre ponts historiques.

J'avais à moi une journée tout entière : j'ai voulu tout revoir, à commencer par cette place de la Seigneurie ou du Grand-Duc qui, dans un petit espace, présente tant de merveilles : le *Palazzo vecchio,* ce vieux palais-forteresse, d'un aspect si pittoresque, portant au front les vieilles armoiries de la République, peintes au-dessous des créneaux, et dominé par son beffroi aussi hardi qu'élégant ; à l'entrée, l'*Hercule assommant Cacus,* de Baccio Bandinelli, et le *David* de Michel-Ange ; la *Loggia dei Lanzi,* ouvrage d'Orgagna, aux beaux pilastres corinthiens, aux arcades dessinées avec un goût si parfait, ornée de célèbres statues : la *Judith* de Donatello, le *Persée* de Cellini, l'*Enlèvement d'une Sabine* de Jean Bologne, le *Lion* de Vacca. Là se réunissait, aux beaux jours de l'époque républicaine, le peuple de Florence appelé par le son de la cloche du beffroi, pour nommer ou installer ses magistrats et faire promulguer ses décrets. Tout près, les deux longues ailes du vaste édifice qui se nomme les *Offices*, le plus beau musée du monde.

La place du Dôme est encore moins étendue que celle de la *Signoria*. L'immense église de Santa-Maria del Fior, le Campanile de Giotto, et le Baptistère la remplissent tout entière. Quelle merveille que cette coupole de Sainte-Marie, prise par Michel-Ange pour modèle, lorsqu'il voulut élever le dôme de St-Pierre! Quel profond sentiment religieux éprouve celui qui pour la première fois pénètre sous ces voûtes immenses de l'église, où sont conservés, dans de superbes mausolées, les restes de Brunelleschi, de Giotto, de Marsile Ficin, de Pierre Farnèse! Le beau Campanile, que Charles-Quint aurait voulu qu'on pût mettre sous verre, avec ses statues de Donatello et ses bas-reliefs de Giotto et de Luca della Robbia, touche presque à la grande basilique de marbre jaune, blanc et noir. On ne se lasserait pas d'en admirer la solide et élégante structure, si l'on n'était puissamment attiré par le Baptistère, dont les portes et surtout celles de Ghiberti sont ce que la sculpture a produit de plus parfait. On conçoit que l'auteur de la

Divine Comédie ait pu passer de longues heures à contempler ces trois monuments du génie humain, assis sur ce banc de pierre que l'on a religieusement conservé et que l'on appelle encore la pierre de Dante, *il sasso di Dante.*

Les églises sont naturellement disséminées sur les différents points de la ville. Comment aurais-je pu faire à toutes ma visite d'adieu ? Je me suis contenté de parcourir les places sur lesquelles s'élèvent les plus célèbres : *Santa-Croce*, *San-Lorenzo*, *Santa-Maria-Novella*, *San-Marco.*

Passons rapidement devant cette dernière et devant son couvent, où se voit encore la cellule du fougueux Savonarole. J'ai déjà dit un mot de la célèbre église de Santa-Croce. Quant à San-Lorenzo, comment résisterait-on au bonheur de revoir, non ses vingt-quatre chapelles, quelque curieuses qu'elles soient, mais celle où Michel-Ange a sculpté de sa main puissante les tombeaux de Laurent et de Julien de Médicis ? Comment oublier cette figure de la Nuit, dont la tristesse exprime, aussi bien que celle du fameux *Pensiero*, la sombre mélancolie et le profond découragement qui dévoraient la grande âme de l'artiste, au moment où son ciseau magique faisait sortir du marbre ces œuvres d'un effet si prodigieusement saisissant (1)? J'ai pu vivre encore de la vie artistique pendant plus de deux heures, en ce dernier jour passé dans la cité bien-aimée; car j'ai revu l'église, le cloître et les chapelles de Sainte-Marie-Nouvelle. C'est là qu'il faut aller saluer cette Madone de Cimabue, qui peut être regardée comme la dernière expression de l'art dégénéré que Byzance avait légué à l'Italie, et comme la première œuvre inspirée par l'esprit nouveau, qui devait modifier et transformer la tradition antique et païenne, pour y substituer des monuments éclos sous l'influence du sentiment

(1) Le poète Strozzi disait, dans un quatrain souvent cité :
« Cette Nuit que tu vois n'est pas morte : — Elle vit. — Éveille-la, elle te parlera ! »

Voici la réponse de Michel-Ange :

« Il m'est doux de dormir et plus encore d'être de marbre ! Ne pas voir, ne pas sentir, est un bonheur dans ces temps de malheur et de honte ; ne m'éveille donc pas, de grâce et parle bas : »

> Grato m'è il sonno, e piu l'esser di sasso :
> Mentre che il danno e la vergogna dura ;
> Non veder, non sentir m'è gran ventura
> Però non mi destar : deh ! parla basso !

chrétien. Elle est loin cependant d'être belle,
cette Madone que le peuple de Florence, saisi
d'enthousiasme, alla chercher chez le peintre
pour la porter triomphalement à Sainte-Marie-
Nouvelle. Mais que de chefs-d'œuvre après
cette œuvre d'initiation ! Déjà Nicolas de Pise,
à la vue des bas-reliefs antiques dont était couvert le tombeau de la mère de la comtesse
Mathilde, avait reconnu la nécessité de re-
tourner à la nature abandonnée par l'art néo-
grec ; et l'Italie comprenait que la sculpture
entrait dans une voie nouvelle, en admirant
le Santo de Padoue, le campanile de St-Nicolas
à Pise, les sculptures du tombeau de saint
Dominique à Bologne, dus au ciseau de ce
grand homme. Le pâtre de Vespignano,
Giotto, allait à son tour faire faire à la peinture
un pas immense en l'affranchissant du dogme
religieux et en cherchant ses inspirations dans
l'étude de l'antiquité et celle de la nature.
Quelle longue série de successeurs inspirés par
lui, et à la tête desquels brillent Simone
Memmi, Orgagna, Mazaccio, Ghiberti, Ghir-
landojo, Léonard de Vinci et Michel-Ange !

Mais ces grands noms rappellent invincible-
ment les deux temples élevés en leur honneur

et pleins aussi des œuvres artistiques les plus
admirables de toutes les écoles, les *Offices* et
la *galerie Pitti*. Je traverse en courant les cor-
ridors des Offices, sans être arrêté par le
Sanglier antique, la collection des bustes des
Empereurs, le Bacchus de Michel-Ange, la
copie du Laocoon de Bandinelli ; je ne veux
revoir que trois choses : la *Tribune*, la *Salle
de Niobé* et la triptyque de *Fra Angelico*. Dans
cette gracieuse salle octogone que l'on appelle
la *Tribune*, voici la Vénus de Médicis, l'Apol-
lino et le Faune ; voici le portrait de Jules II,
la Vierge-au-Chardonneret et la Fornarina de
Raphael ; voici l'Adoration des Mages d'Albert
Dürer, la Vénus de Titien, le Repos en Égypte
de Corrège, la Sibylle de Guerchin, la Vierge
entre saint Jean et saint François de Delsarte ;
Hercule, Vénus et Minerve de Rubens, le
Charles-Quint de Van Dyck, le Massacre des
Innocents de Daniel de Volterre.

On dirait que Dante avait vu les statues de
Niobé et de ses enfants, et compris combien
est vraie l'expression de douleur qui se lit sur
la figure de la mère et sur celle de celui de
ses enfants qui rend le dernier soupir, lorsqu'il écrivait, dans le 12ᵉ chant du *Purgatoire* :

« O Niobé ! quelle désolation dans tes yeux lorsque je te vis là sur ce chemin, entourée de tes sept enfants, et sept enfants expirants ! »

> O Niobe, con che occhi dolenti
> Vedev' io, segnata in su la strada,
> Tra sette e sette tuoi figlioli spenti !

Ce qui me fait attacher un prix infini aux naïves peintures de Fra Angelico, c'est que ses compositions, ainsi que celles de l'École mystique, dont il est le représentant le plus parfait, expriment, d'une manière bien plus touchante qu'on ne l'a fait après lui, le sentiment chrétien, cette effusion de l'âme, cet amour du divin, cette pureté du désir, que l'artiste ne peut rendre qu'en se dégageant de la matière et en spiritualisant, pour ainsi dire, ces formes visibles destinées seulement à faire concevoir ce que l'œil ne peut atteindre. Entreprise chimérique, sans doute, et qui devait céder le pas à un art plus savant et plus complet, mais digne d'être étudiée néanmoins, comme ayant produit des œuvres dont le charme n'a pas été surpassé. Tout ce qui pouvait être conservé des productions de cette École ombrienne a été recueilli par les successeurs de

Fra Angelico, et c'est d'eux que procèdent Bartholomeo, Lorenzo di Credi, Pérugin et Raphaël.

Ce n'est ni la massive architecture du palais Pitti, construit avec des blocs de pierre à peine dégrossis, comme les murailles étrusques dont Fiésole offre de précieux restes ; ce n'est pas la vaste cour d'Ammanato ; ce n'est pas son jardin Boboli, dont les bosquets embaumés rappellent les fêtes nocturnes données pour sa Bianca Capella, par le fils de Côme Ier, qui pourraient prétendre à l'honneur de visites réitérées ; mais la galerie du palais, devenu le séjour du roi Victor-Emmanuel, réunit des œuvres dignes d'une admiration éternelle. Les plus grands maîtres y sont représentés par ce qu'ils ont produit de plus étonnant : Titien, par son saint Jérôme et par sa belle maîtresse ; Allori, par son Miracle de saint Julien ; Raphaël, par la Vierge-à-la-Chaise et le portrait de Léon X ; Michel-Ange, par ses Parques, ces trois vieilles à la figure âpre et impitoyable ; Fra Bartholomeo, par son saint Marc ; le Dominiquin, par la sainte Marie-Madeleine ; Sébastien del Piombo, par le Martyre de sainte Agathe.

Il faudrait s'arrêter encore au palais Pitti, pour examiner les manuscrits et belles éditions que renferme la bibliothèque Palatine. Que de richesses du même genre retiendraient l'homme d'études dans les autres dépôts scientifiques et littéraires de Florence, les archives, les bibliothèques Laurentienne, Ricardienne, Magliabecchiane! Mais il me faudrait des années pour tout voir et des volumes pour tout décrire. Aussi bien, le bruit strident de la locomotive a retenti; la vapeur n'attend pas, et déjà s'ébranle et se met en route le train qui m'emportera loin de Florence, pour me conduire à Bologne.

XIV.

Aller en chemin de fer de Florence à Bologne, surtout à partir de Pistoia, c'est quitter le monde de l'art pour entrer dans celui de l'industrie. Une voie ferrée conduite à travers les Apennins, quelle œuvre prodigieuse! et comme elle dépasse de toute la supériorité de la science moderne les travaux si vantés, accomplis par la main puissante de

Rome, dont on peut, même sur ce parcours, admirer de précieux restes! C'est à un ingénieur français, M. Protche, que l'Italie doit l'établissement de cette ligne, qui, commencée en 1856, a mis en communication la Romagne avec Florence et Livourne, en se rattachant à celle qui, partant de Bologne, conduit à Venise en passant par Ferrare. Le train traverse rapidement la plaine qui s'étend de la ville de Dante à Pistoia. On nous montre, à quelques lieues de Florence, le château de Campi, célèbre dans les guerres du moyen-âge; plus loin, la petite ville de Prato, signalée pour ses établissements typographiques et où les frères Giachetti ont publié autrefois les œuvres de Winckelmann et de d'Agincourt. Nous voudrions nous arrêter dans l'antique cité de Pistoia, visiter sa belle cathédrale et vérifier s'il est vrai, comme on le prétend, que ses habitants parlent la langue toscane avec un accent aussi pur que celui de Sienne. Les objets d'art y sont nombreux et du plus grand prix. Le souvenir de Dante nous inspire le regret de ne pas aller admirer le mausolée de l'un de ses meilleurs amis, Cino da Pistoia, jurisconsulte et poète, maître de Bartole et de Pétrarque. Le chemin de fer tourne autour de la ville, et l'on voit bientôt se dresser au loin la tour de Catilina, élevée par Nicolo Puccini, non loin de la délicieuse villa de ce nom, en souvenir de la bataille dans laquelle l'audacieux conspirateur perdit la vie, si l'on en croit les antiquaires italiens. En sont-ils bien sûrs? Il y a, près de la colline qui domine la vallée, un large fossé que l'on appelle *la Fossa sanguinaria;* on y a trouvé des débris d'armures romaines, et cela leur a suffi.

Nous passons à Ponzono, sous un premier tunnel; nous en aurons 45 autres à traverser avant d'arriver à Bologne. Ces galeries souterraines et les viaducs jetés, avec une hardiesse surprenante, entre deux montagnes ont offert des difficultés de construction dont il est difficile de se faire une idée. Pour aller, par exemple, de la galerie Grazzini à celle de Pisanecco, sur un parcours de 14 kilomètres, la voie ferrée se replie deux fois sur elle-même et traverse 19 souterrains et 2 viaducs! La pente est de 325 mètres. Les 40 kilomètres qui s'étendent de Pistoia à la station de Boretta, lieu célèbre par les sources d'eau sulfureuse qui lui ont valu le surnom de *Barèges de l'Italie*, ont donné lieu à d'autres travaux jusqu'ici sans exemple. Pour faire ce trajet, il a fallu recourir à des machines d'un modèle particulier, à la fois puissantes et flexibles, dues au savant ingénieur Beugniot.

En arrivant à la station de Pracchia, mon voisin de droite raconta que, huit jours auparavant, un des ingénieurs du chemin de fer, s'apercevant que ses habits et la banquette sur laquelle il était assis étaient couverts de sang, jeta les yeux sur un voyageur qui était entré une heure auparavant dans le même wagon. Celui-ci venait de se tirer un coup de pistolet dans le cœur, et le bruit que fait le train en passant sous les sombres voûtes des tunnels avait empêché d'entendre la détonation de l'arme à feu. Les dames qui se trouvaient dans notre wagon durent savoir gré au narrateur d'avoir attendu la sortie du dernier tunnel pour leur raconter cette terrible histoire.

C'est à Pracchia qu'est le point le plus culminant de la ligne. Cette station se trouve à 617 mètres 48 cent. au-dessus du niveau de la mer. Il nous reste encore, pour arriver à Bologne, 23 souterrains à parcourir, et nous traverserons dix-neuf fois le Reno, que ne cessera de côtoyer le chemin de fer.

Je ne ferai pas le compte des galeries, des ponts, des viaducs et des stations que la science des ingénieurs italiens et français a semés sur la route. Mais comment oublier les spectacles, aussi admirables que variés, qui s'offrent successivement à la vue ? De Florence à Pistoia, c'est la verdoyante plaine de la Toscane qui se déroule aux regards charmés ; de Pistoia à Bologne, c'est le magnifique contraste que présentent les sites pittoresques de la vallée du Reno et leurs gracieux points de vue, avec les montagnes élevant leurs sommets nus et sévères et les sauvages abîmes où roulent les ondes bruyantes des torrents. En contemplant avec admiration toutes ces beautés naturelles, le voyageur peut encore recueillir plus d'un souvenir et jeter un coup-d'œil sur les vestiges qu'y ont laissés de leur passage les générations des siècles antérieurs.

C'est ainsi que de la station Marzabotto l'on peut apercevoir la belle villa, ou plutôt le palais où M. Guiseppe Aria a réuni une foule de curiosités artistiques trouvées par le savant archéologue dans une vaste nécropole étrusque, où il a fait pratiquer avec succès des fouilles. L'un des monuments funéraires de cette curieuse villa est, dit-on, le plus intéressant de tous ceux qui existent dans la Haute-Italie.

Autour de la masse gigantesque si justement nommée *Il Sasso,* se remarquent une multitude d'excavations pratiquées dans le roc depuis des siècles, et servant aujourd'hui de demeure à la nombreuse famille des tailleurs de pierre, qui transportent en détail à Bologne les produits de leurs travaux autour de l'inépuisable carrière.

On arrive enfin à Casalecchio, après avoir passé devant le château crénelé des comtes Rossi, appartenant aujourd'hui au comte Marsili, et le palais Ghislieri, placé coquettement sur la riante colline qui porte le nom de *Colle ameno.* Alors on peut apercevoir au loin les hauteurs qui servent d'ornement et de défense à la ville de Bologne, les pièces de canon des forts qui entourent le sanctuaire de St-Luc. On traverse un pont de quinze arches, de 20 mètres chacune ; on passe le mur d'enceinte, hérissé de pièces d'artillerie, qui fait de Bologne le boulevard des Apennins; on laisse à gauche la ligne ferrée qui va de Ferrare et de Pontelagoscuro à Venise, et à droite celle qui conduit à Ravenne et à Ancône : nous sommes à Bologne.

Bologne avait eu, comme Ferrare, comme la plupart des villes d'Italie, sa fête du 15 mai, en l'honneur de Dante. J'y arrivais à 8 heures du soir, la veille du jour où devait avoir lieu une grande solennité nationale, la célébration de la fête anniversaire du *Statut*. Pendant le long trajet que je devais faire à travers les rues de la ville pour me rendre à l'hôtel Brun, je voyais, de distance en distance, de larges boutiques brillamment illuminées et remplies de personnages paraissant fort affairés. Ces boutiques étaient celles des barbiers, perruquiers et coiffeurs, auxquels les habitants venaient confier leurs têtes, afin de figurer d'une façon plus digne à la fête du lendemain. MM. les barbiers de Bologne sont des artistes en leur genre, traitant l'affaire de la coiffure comme une chose importante et sérieuse, et il me parut que leurs clients professaient les mêmes principes, si j'en juge par le temps que chacun d'eux consacrait à cet ajustement de sa tête, et par la profusion des parfums et des savons de toute sorte employés à cet usage.

Dès le lendemain matin, une foule joyeuse et élégamment parée circulait sous les grands portiques de la ville et regardait avec une juste admiration des régiments d'infanterie, de cavalerie et d'artillerie, parcourant les rues pour se rendre au champ de manœuvre où ils devaient être passés en revue. Je fus frappé de leur belle tenue et de leur tournure martiale. Les hommes du métier vantèrent la rapidité et la précision des manœuvres. Il me semblait assister à un défilé de soldats français. Les Italiens ont une véritable armée, et leur patriotisme doit en être fier. Qu'ils célèbrent avec enthousiasme leur fête du *Statut*. La Constitution ne manquera pas plus de bras pour la défendre que de cœurs pour l'aimer.

La population de Bologne est magnifique : la société présente un caractère remarquable de distinction et de noblesse. C'est toujours la docte cité qui a mérité le nom de *mère des études*. C'est en même temps la ville d'Italie qui s'est trouvée la mieux préparée à profiter des circonstances qui ont miraculeusement reconstitué l'unité italienne. Elle a repris avec orgueil sa vieille devise : *Libertas*.

Dans le travail d'organisation qui va réduire

le nombre des universités d'Italie, Bologne ne peut manquer de conserver celle qui a fait sa gloire. La théologie, le droit, les sciences, les lettres, la médecine y ont compté à toutes les époques des maîtres éminents. La ville reconnaissante a conservé pieusement leur souvenir, et l'on peut voir dans la cour du palais de l'Université les statues élevées en leur honneur.

Une de ses dernières illustrations a été le savant cardinal Mezzofanti, le plus étonnant philologue du monde, puisqu'il parlait avec facilité trente-deux langues. Lord Byron, chez lequel le sentiment de l'admiration était fort peu développé, en ce qui concernait les savants étrangers, avait voulu, par exception, revoir celui qu'il appelait un prodige de langage, un Briarée des parties du discours, un polyglotte ambulant, qui aurait dû vivre au temps de la tour de Babel, comme interprète universel.

Un jeune professeur, avec lequel je visitais les salles de l'Université, ne manqua pas de me rappeler le souvenir d'Andrea Novella, la fille d'un célèbre canoniste du XIVᵉ siècle, qui suppléa souvent son père dans sa chaire de Droit canonique. Elle était assez savante pour se faire écouter par une jeunesse studieuse, mais en même temps trop belle pour ne pas craindre de lui causer des distractions. Aussi prenait-elle le soin, si l'on en croit Christine de Pisan, de mettre entre elle et son auditoire un rideau qui lui permettait de parler sans être vue.

J'ai visité dans toutes ses parties la bibliothèque de l'Université et, en particulier, la bibliothèque polyglotte du cardinal Mezzofanti, dont son aimable successeur m'a fait valoir les curieuses raretés. Les 4,000 manuscrits que possède la Bibliothèque principale mériteraient un long et sérieux examen. Les livres et les papiers de l'excellent pape Benoît XIV, le bienfaiteur de l'Université, y sont conservés. J'y ai vu la lettre autographe dans laquelle Voltaire lui a dédié son *Mahomet*. Elle renferme quelques hardiesses qui ont été supprimées dans la lettre imprimée.

Un plus long séjour à Bologne m'aurait permis d'y récolter une ample moisson de ces documents officiels, dont la publication, entreprise sur tous les points, constitue aujourd'hui la base solide sur laquelle reposeront désormais toutes les compositions historiques de quelque valeur. Le directeur des archives communales, M. Luigi Frati, m'a montré les immenses constructions commencées sur sa proposition, en 1859, pour réunir dans un seul établissement les divers dépôts d'archives que possèdent la Commune, l'Université et la Préfecture.

Quant aux édifices publics, religieux et civils, aux palais, aux galeries artistiques, aux établissements industriels dont l'étude offre tous les genres d'intérêt, c'est à peine si j'ai pu jeter un coup-d'œil rapide sur ceux qu'il n'est pas permis d'oublier, quand on a pu mettre le pied dans cette cité célèbre. Mais, pour que ces courtes apparitions dans des lieux où l'on voudrait s'établir en permanence laissent dans l'esprit autre chose que des traces fugitives, il faut pouvoir les faire sous les auspices de quelque guide obligeant et éclairé vous conduisant tout droit à ce qui mérite d'être vu et vous mettant en présence de ce que chaque établissement possède de plus remarquable. C'est l'avantage que j'avais déjà trouvé à Turin, à Milan, à Florence, et que ma bonne fortune de voyageur devait encore me procurer à Bologne, à Modène et à Venise.

Grâce aux soins de M. Protche, le savant ingénieur dont j'ai parlé ci-dessus, et du consul français, M. le baron de Vaux, dans lequel j'ai trouvé, non-seulement un fils de la Normandie, mais encore le représentant d'une famille à laquelle m'unissent depuis longtemps les liens les plus affectueux, j'ai pu, en peu de jours, faire connaissance avec ce que la ville offre de plus important.

On peut embrasser d'un coup-d'œil Bologne et le vaste panorama qui l'entoure, du haut de la fameuse tour *Asinelli*, la plus haute de toute l'Italie, élevée au centre même de la ville et dont les voyageurs se font un devoir, quand ils ont des jambes souples et complaisantes, de gravir l'escalier en colimaçon ou plutôt en échelle. A côté de ce monument qui porte si haut dans les nues sa tête hardie, la lourde et disgracieuse *Garisenda*, la tour penchée, forme un singulier contraste. Dante a comparé au géant Antée, qui se courbait vers la terre pour trouver dans son contact avec elle une force nouvelle, cette tour renversée, qui doit sa position, non pas comme on le croit, au caprice d'un architecte, mais à un affaissement du sol (1).

Bologne, ainsi que la plupart des belles cités italiennes, possède ses tours, ses dômes, ses clochers, ses palais, ses demeures historiques, ses églises et ses musées. Elle avait, au temps de son existence républicaine, une maison commune, siége de ce gouvernement énergique et glorieux qui avait asservi à ses lois Modène, Ravenne et les autres villes de la Romagne. Le palais du Podestà est aujourd'hui la Préfecture. Les archives de la ville y occupent plusieurs salles (2). On m'a montré celle qu'a rendue célèbre la touchante captivité du roi Enzio, le fils infortuné de l'empereur Frédéric II. Les Bolonais avaient juré qu'ils ne le rendraient jamais à son père, et ils tinrent parole : l'amour de la belle Lucie Vendazoli adoucit la rigueur de cet arrêt cruel. Près de

(1)   Qual pare a riguardar la Carisenda
       Sotto'l chinato, quand' un nuval vada
       Sovr'essa, ch'ella in contrario penda.
       Tal parve Anteo...

(2) J'y ai trouvé le texte d'une convention portant la date de 1537, faite entre la Commune et un Bonaparte, dont les propriétés étaient situées sur le territoire de Bologne.

ce palais et non-loin de la cathédrale., s'élève la *fontaine du Géant*, avec son Neptune aux formes athlétiques et ses sirènes trop gracieuses., dont les seins lancent au loin de brillants jets d'eau ; c'est une des œuvres les plus admirables de Jean Bologne. Il est difficile de ne pas s'étonner un peu en voyant, dans le voisinage d'une église et sur une place publique, un monument qui rappelle beaucoup plus les traditions païennes que les pieux et austères sentiments du Saint (1) par l'ordre duquel il fut exécuté.

La statue du pape Grégoire XIII, qui se voit au-dessus de la porte du palais *del Publico*, est l'ouvrage d'Alexandre Minganti. On la sauva de la destruction à l'époque de la Révolution de 1796, en faisant du pape Grégoire XIII, au moyen de quelques changements, un *Divus Petronius*, érigé par décret en père et protecteur de la République bolonaise.

Les autres palais que l'on montre aux voyageurs, les palais *Fava, Bentivoglio, Baciocchi, Hercolani, Sampieri,* etc., possèdent des tableaux précieux, de riches plafonds, que re-

____

(1) Saint Charles Borromée.

commandent les noms des Carrache, des Tibaldi, des Giorgione, des Guerchin et des Guide.

Mais c'est dans les églises et les musées que l'on peut admirer les œuvres dues à ces grands représentants de la glorieuse École bolonaise : à St-Pétrone, un des plus beaux monuments de l'architecture religieuse du moyen-âge, les *Sibylles*, les *Portes de bronze*, les *Prophètes*, les *bas-reliefs d'Adam et d'Ève*, de Tribolo et de Della Quercia ; le *Joseph*, de Properzia dei Rossi, cette femme qui cultiva à la fois la peinture, la sculpture, la musique et la gravure, et fut, comme Sapho, victime d'un amour malheureux ; à la cathédrale, le *Saint Pierre* et la *Sainte Anne*, d'Hercule Graziani ; la *fresque de saint Pétrone et de saint Pancrace*, de Marc-Antoine Franceschini ; l'*Annonciation*, de Louis Carrache ; à San-Domenico enfin (car je n'ai pas l'intention de passer ici trente églises en revue et de refaire le travail de nomenclature de M. Du Pays), les magnifiques bas-reliefs exécutés par Nicolas de Pise, au tombeau de saint Dominique ; ceux de Lombardo et les fresques de Guido ; les tombeaux de Taddeo Pepoli, d'Enzio, du Guide et de son élève Elisabeth Sirani ; les *Quinze mystères du Rosaire*, brillantes peintures de la chapelle de ce nom, et principalement la *Flagellation du Sauveur*, de Louis Carrache, et l'*Assomption*, du Guide.

C'est dans la riche galerie de Bologne, tout naturellement, qu'il faut étudier les œuvres de l'École bolonaise. Et quelles œuvres, à commencer par celles de son premier maître Francia, si peu connu en France, et de son disciple Innocent d'Imola ! Leurs Vierges méritent d'être déjà comparées à celles de Raphaël, plus belles et plus parfaites sans doute, mais quelquefois inférieures pour la naïveté et la grâce. Quant aux trois Carraches : Louis, Augustin et Annibal, leurs œuvres, comme celles du Guide et du Dominiquin, ont été assez multipliées par la gravure pour qu'elles soient aussi populaires que peuvent l'être celles des Écoles de Florence, de Rome et de Venise. J'ai eu le temps d'admirer et d'étudier tout à mon aise la *Conversion de saint Paul*, de Louis Carrache ; la *Communion de saint Jérôme*, de son frère Augustin ; la *Vierge et l'Enfant-Jésus dans une gloire*, d'Annibal ; la *Madone* et la *Tête du Christ agonisant*, du Guide ; le *Martyre de saint Agnès* et le *Martyre de saint Pierre*, du Dominiquin : il n'en faut pas davantage pour assurer une gloire éternelle à ces grands artistes et à la cité qui les a vus naître. Quinze ou vingt chefs-d'œuvre réunis suffisent aussi pour constituer le plus riche et le plus précieux des musées. Si l'on enlevait à la ville de Bologne tous les tableaux qu'elle possède, pour ne lui conserver que ceux-là, elle n'offrirait pas moins d'intérêt aux artistes et elle mériterait aussi bien d'attirer les voyageurs qui, pour admirer quelque œuvre sublime du génie humain, ne craignent pas de franchir les montagnes et de traverser les mers.

XV.

En cessant d'être la capitale d'un duché et le séjour d'un prince souverain pour se fondre dans la grande unité italienne, Modène n'a éprouvé qu'un seul regret, c'est de n'avoir pas conquis plus tôt son indépendance. Ses derniers maîtres lui avaient inspiré peu de sympathie, et depuis l'heure de la délivrance, la population semble avoir oublié jusqu'à leurs noms. Quelqu'illustres qu'aient été ces maisons d'Este et de Ferrare, ces ducs de Parme, ces princes de Gonzague, ducs de Mantoue, ces grands-ducs de la maison de Lorraine, successeurs des Médicis, il y a quelque chose de plus grand pour les cœurs italiens, c'est l'Italie; et chaque cité a sacrifié sans peine ses gloires privées pour prendre avec bonheur sa part dans la gloire de la patrie commune. Le magnifique palais ducal de Modène est converti en une grande école militaire. A l'extérieur comme à l'intérieur, son aspect a bien changé! Le drapeau national flotte sur son sommet, et de jeunes et joyeux soldats circulent librement sous les riants portiques, assombris jadis par la présence de soldats parlant une langue étrangère et revêtus d'un uniforme détesté.

Les quatre cents jeunes gens dont se compose la nouvelle école militaire ont trouvé, dans l'ancien palais ducal, un local admirable. Rien de plus agréable à voir que la salle d'armes, ornée de tableaux; le cirque, pour les exercices d'équitation; la belle galerie aux colonnes de marbre, que l'on a érigée en réfectoire; le vaste jardin où les élèves se livrent à leurs exercices, dont le principal est celui du canon.

Les Carraches, Guerchin, Francia, Montegna, L'Albane, les deux Dossi, Louis Lana,

André del Sarte et Salvator Rosa sont représentés dans la galerie du palais par des œuvres d'une grande beauté. Je ne crois pas avoir vu ailleurs une marine de Salvator Rosa plus admirable de ton et d'effet. J'avoue que ce ne sont pas précisément les œuvres de peinture qui m'ont occupé le plus pendant les journées que j'ai passées à Modène, sous l'influence d'un soleil de juin assez désagréable. Je n'ai pu m'en préserver qu'en allant chaque jour m'enfermer, pendant de longues heures, dans les vastes salles où sont réunies les archives de la maison d'Este.

Les ducs de Ferrare les avaient toujours considérées comme le diamant le plus précieux de leur couronne. Transportées avec leur riche bibliothèque de Ferrare à Modène, lorsque César d'Este s'y retira après avoir été dépouillé de son duché par le pape Clément VIII, elles ont servi de fondement aux grands travaux de Muratori et de Tiraboschi. Fermées au public par Ferdinand V, elles ont aujourd'hui pour conservateurs MM. Campi et Mignoni, qui les ont classées avec soin et en font les honneurs aux étrangers avec autant d'urbanité que de savoir. Nous sommes loin de l'époque où tout propriétaire de livres, anciens ou modernes, ne pouvait, sous peine d'une amende de 4 francs par volume, prêter ou communiquer aucun ouvrage, fût-ce même à son voisin, si le livré n'était revêtu du timbre officiel (1), et où les exemplaires de Dante, saisis à la Douane, étaient immédiatement confisqués. J'ai trouvé M. Campi occupé de mettre en ordre d'innombrables notes recueillies par lui dans ce vaste dépôt, sur les hommes d'État, les artistes, les guerriers et les hommes de lettres, au sujet desquels les archives lui ont fourni d'amples renseignements. Le marquis Giuseppe Campori y a trouvé les matériaux d'un travail des plus intéressants sur un grand nombre d'artistes et de poètes italiens.

Parmi les personnages dont il existe des lettres à Modène, on peut citer d'abord tous les princes et toutes les princesses de la maison d'Este, presque tous les rois de France, depuis Louis XI, Catherine de Médicis, Diane de Poitiers, les ducs de Guise, Alexandre VI, Lucrèce Borgia, Le Tasse, L'Arioste, Titien, Fra Bartolomeo, etc., etc. J'ai eu le bonheur

(1) Décret sur la presse du duc de Modène François IV, du 28 avril 1828.

de pouvoir puiser à pleines mains dans ce trésor inestimable pour enrichir une collection de documents déjà considérable, commencée à Londres en 1852 et continuée depuis dans les bibliothèques d'Italie. Ce sont de précieux matériaux recueillis par l'amateur et le curieux : quand viendra l'historien ?

Le complaisant M. Mignoni a bien voulu mettre sous mes yeux une lettre écrite en 1794 au duc de Modène par S. A. R. Monsieur, depuis Louis XVIII. Le duc était, comme on le sait, excessivement riche et le frère de l'infortuné Louis XVI, qui avait pris le titre de régent, frappait alors à toutes les portes pour obtenir quelques secours. Sa lettre est fort intéressante. La réponse du duc de Modène ne l'est pas moins. Je donne ici ces deux pièces comme un échantillon de ces autographes après lesquels courent si volontiers les amateurs de notre temps, heureux d'avoir pu les glaner au milieu d'un champ par lequel était déjà passé, sans les recueillir, l'actif et savant M. Feuillet de Conches :

MON COUSIN,

Quand (on) a, comme vous l'avez fait, reconnu·

la régence, quand on s'est élevé au-dessus d'une
politique timide ou intéressée, pour remplir le
premier de tous les devoirs entre les souverains
et peut-être le plus intéressant pour leur propre
cause, on a acquis des droits positifs à la confiance. C'est à ce titre que je vais ouvrir mon
cœur à V. A. sur ma position et le service im
portant qu'elle peut me rendre.

Il y a longtemps que mes propres revenus sont
nuls pour moi ; les secours que j'ai reçus de la
générosité des différents souverains sont pareille-
ment épuisés, et bientôt il ne me restera plus de
moyens, ni pour soutenir ces dignes Français de
toutes les classes qui ont tout bravé pour rester
fidèles à Dieu, au Roi et à l'honneur, ni pour
alimenter le bon parti en France, ni peut-être pour
subsister moi-même. C'est dans ces circonstances
pressantes que j'ai recours à V. A : elle a, par
une prudente administration, su mettre des fonds
en réserve : on assure même qu'elle en a de placés
en France ; mais ceux-ci, qui ne sont pas dispo-
nibles, ne pourront entrer que dans la combinaison d'un emprunt comme je l'expliquerai.

Je désirerais que V. A. pût me prêter un million
en argent ou deux millions, l'un en argent,
l'autre en effets royaux de France, créés en
1787 ou années précédentes, même payables à
différentes époques très-rapprochées, si cela lui

convenait mieux ; à la charge par moi de la rembourser au moment où le roi mon neveu aurait recouvré son autorité légitime. L'intérêt de l'argent serait à cinq pour cent. Quant à la combinaison de l'emprunt avec du papier, il serait à égalité de l'argent prêté, c'est-à-dire qu'en prenant un million en argent et un autre en papier, je reconnaîtrai devoir deux millions. Cette opération, qui me serait d'un grand secours, dans ce moment, pourrait, par une suite d'événements qu'on ne peut calculer, devenir avantageuse à V. A. elle-même, et c'est pour moi un motif de plus pour le lui proposer.

Voilà, mon cousin, l'idée qui m'est suggérée par ma confiance en vous ; j'espère que V. A. ne doute pas que ma reconnaissance sera proportionnée au service important qu'elle peut me rendre et qu'elle égalera dans tous les temps, comme dans toutes les circonstances, les sentiments d'estime et d'amitié avec lesquels je suis, mon cousin,

Votre très-affectueux cousin,

LOUIS-STANISLAS-XAVIER.

A mon cousin Monsieur le duc de Modène ,
à Modène.

Turin, 1794.

Voici la réponse du duc de Modène :

MONSIEUR,

Je suis très-fâché, Monsieur, de me voir dans une impossibilité absolue de me satisfaire moi-même, autant que V. A. R., au sujet de l'emprunt qu'elle a bien voulu me proposer par sa très-gracieuse lettre. J'avais eu quelques fonds en réserve, mais j'en ai disposé tout recemment en faisant passer mon argent à S. M. l'Empereur, comme tout le monde l'a fait après que l'Empire a demandé à tous ceux qui relèvent les prestations ordinaires en temps de guerre, ce qui ne laisse pas d'être à charge du souverain et de ses peuples.

On s'est trompé lorsqu'on a supposé à V. A. R. que j'aie des fonds en France. Une simple rente viagère, placée à l'Hôtel-Dieu sur la tête de ma sœur, la princesse Mathilde, me rapportait jadis quatre mille francs, qu'on réduisit dans la suite à trois mille six cents, et qui me furent renoncés par ma dite sœur dans un arrangement que nous fîmes entre nous. C'est depuis quelque temps que ce paiement est suspendu et j'ignore pour combien de temps. Il ne me reste qu'à souhaiter des rencontres plus favorables pour témoigner à Votre Altesse Royale le respectueux attachement

que je lui ai voué et les sentiments de respect
avec lesquels je suis,

Monsieur,

De V. A. R.,   Votre très-humble et très-
obéissant serviteur,

HERCULE D'ESTE-CYBO (1).

A S. A. R. Monsieur le comte de Provence,
régent de France, à Turin.

A Modène, ce 18 janvier 1794.

XVI.

C'EST à Pontelagoscuro, qu'après avoir pris
le chemin de fer à Bologne, on arrive à
la limite qui sépare l'Italie indépendante
de l'Italie autrichienne. Un bateau, sur lequel

(1) Hercule Renaud d'Este, né le 22 novembre 1727, est
mort le 14 octobre 1803. Il avait épousé, en 1741, Marie-
Thérèse Cybo, qui lui apporta en mariage les principautés
de Massa et de Carrara. Modène et Reggio furent incorporés
en 1797, à la République cisalpine, et la maison d'Este,
dépouillée de sa souveraineté sur ces pays par le traité de
Campo-Formio, les recouvra en 1814.

sont déposés les voyageurs et leurs bagages, traverse le Po : les passeports sont exhibés ; les employés de la police et ceux de la douane accomplissent leur devoir avec une politesse qu'il est juste de reconnaître, et une lourde diligence nous transporte à Padoue. Les fallacieuses promesses du chef des messageries nous avaient donné l'espoir d'être, avant 4 heures du soir, dans la ville dont le patron vénéré, saint Antoine, fait, dit-on, trente miracles par jour. Nous aurions eu grand besoin de son intervention pour arriver à l'heure dite, car nous y étions à peine à 7 heures.

Je n'avais que deux ou trois heures à consacrer à cette intéressante ville de Padoue. Mon premier soin a été de courir, non pas à la cathédrale ou au *Santo* si justement fameux, mais à la petite église qui porte le nom de l'*Annunziata Nell' Arena*, où je devais trouver un précieux souvenir de Dante. C'est, en effet, sur les murailles de l'*Annunziata* que Giotto a peint ces fresques magnifiques dont les plus imposantes sont dues, vraisemblablement, aux inspirations puisées dans l'immortel poème de son ami. Quel admirable commentaire de la *Divine Comédie* que cette grande composition qui représente le *Jugement dernier !* Quelle vérité ! quelle grâce ! quelle science ! Et comme on sent bien , à l'émotion qu'on éprouve en présence de ces étranges scènes, que tous deux, le peintre et le poète , appartiennent au même siècle, dont ils interprètent avec un égal bonheur les sentiments et les pensées ! Il y a quelque bizarrerie , sans doute, dans les figures des *Vertus* et des *Vices* peintes par Giotto dans une autre partie de l'*Annunziata;* mais quelle puissance d'exécution ! quelle richesse de ton ! quelle hardiesse dans les poses !

Je quitte à regret ma chère petite église , sans avoir eu même le temps de regarder les peintures du chœur, représentant la *vie de la Vierge* et dues à un élève de Giotto, Taddeo Bartoli. Il n'est pas permis de passer à Padoue, ne fût-ce qu'une demi-heure , sans aller s'agenouiller sous les voûtes splendides de la grande basilique de St-Antoine , de ce merveilleux *Santo ,* œuvre de Nicolas de Pise, où sont accumulés tant de richesses matérielles et de trésors artistiques. La nuit était venue. Des milliers de cierges illuminaient la nef, où se tenait dans le plus profond silence l'immense foule des fidèles, hommes et femmes les premiers en majorité. L'œil est ébloui, l'âme éprouve une émotion délicieuse. Ce n'est pas, toutefois, ce sentiment religieux qu'inspire à un si haut degré l'aspect de nos cathédrales gothiques, sublimes et grandioses, appelant naturellement la méditation et la prière : les beaux temples élevés en l'honneur de ses saints par le génie de l'Italie ne produisent, en général, que des émotions artistiques. En regardant autour de moi, je voyais dans tous les regards l'expression de la curiosité, de l'admiration, de la joie même, bien plutôt que celle du recueillement, de l'adoration et du respect. J'étais en présence d'une des plus opulentes chapelles du monde, consacrée au saint qui occupe la plus grande place dans la dévotion des habitants de Padoue. A la lueur du soleil factice que créaient, autour des chefs-d'œuvre de peinture et de sculpture qu'elle possède, les lampes d'or et les brillants candélabres, ce que l'on pouvait faire de mieux, c'était de contempler le spectacle magique qui s'offrait aux yeux. C'est Sansovino qui en a conçu l'architecture ; ces arabesques gracieuses sont de Mathieu Allio et Jérôme Pironi ; ces délicieux bas-reliefs sont de Campagna, de Sansovino.

C'est à ce dernier artiste qu'est dû le *Mucius Scœvola*, qui se brûle intrépidement la main et que l'on voit, non sans quelque surprise, sur un tombeau de saint Antoine. Il ne faut pas moins que l'immense clarté jetée par les bougies sur la vaste chapelle, pour que l'on puisse distinguer les ornements de la voûte, exécutés en stuc par Titien Minio.

Hélas ! c'est à ces courtes indications que doit se borner, bien malgré moi, le récit de ma visite au *Santo* : je dois partir le soir même pour Venise. Je parcours les rues où s'étalent en plein vent de petites échoppes garnies de chapelets, de médailles, d'images, d'objets de toute nature, ne brillant ni par la richesse ni par l'élégance, mais dont il se fait à Padoue un immense commerce. Un des principaux motifs de la dévotion des habitants pour saint Antoine, c'est que l'on peut retrouver, par son intercession, tout ce que l'on a perdu. Elle est bien souvent invoquée.

Si les habitants de Padoue sont, avec raison, fiers de leurs églises, de leur bibliothèque, de leur Académie, de leur jardin botanique, de leurs palais, ils ne le sont peut-être pas moins de leur *café Pedrocchi*, immense casino, dont ils s'empressent de faire les honneurs aux étrangers. Commencé en 1830 par un architecte distingué, M. Joseph Japelli, ce singulier édifice contient un grand nombre de salles ayant toutes une destination spéciale et distincte. Les colonnes, les murs, les pavés, présentent des marbres de toutes les espèces : il y a une salle étrusque, une salle égyptienne, une salle grecque, une salle romaine, une salle de bal, des salons pour la lecture, pour la conversation, pour le repos, pour les consommateurs; le tout orné et meublé d'une manière splendide. Une telle magnificence, étalée dans un édifice si différent de ceux qui servent d'asile à la piété et à la prière, prouve que les habitants de Padoue sont bien de vrais Italiens, dans toute l'acception du mot, et qu'ils font marcher de front la dévotion, le goût des arts, l'amour du luxe et du plaisir.

Je n'ai fait que parcourir le casino Pedrocchi, j'arrive à la gare; deux heures après, je suis à Venise.

Pour faire arriver un chemin de fer jusqu'à Venise, il a bien fallu exécuter ce grand travail de jonction, depuis si longtemps projeté, qui rattache enfin la ville des doges au continent.

En quelques minutes, le train a glissé sur la digue qui se dessine en une longue ligne blanche sur la lagune. Un admirable clair de lune montre au loin, s'élevant du sein des flots comme des nuages fantastiques, les dômes, les clochers, les colonnes, les mâts de navires, à travers lesquels s'agitent quelques pâles lueurs, quelques clartés douteuses. Le train s'arrête, de nombreuses embarcations attendent les voyageurs : chacun choisit la gondole qui glisse silencieusement sur l'onde immobile du grand canal, pour le conduire à l'hôtel où il a résolu de descendre.

On ne peut voir Venise sans éprouver à la fois un sentiment d'admiration et de tristesse : voilà bien cette reine de l'Adriatique, siége de la puissante aristocratie qui a servi, pendant plusieurs siècles, de boulevard à l'Europe contre les invasions des Turcs ; qui a couvert les mers de ses vaisseaux ; qui n'est pas moins illustre par son commerce et ses exploits militaires que par son luxe, sa passion pour les plaisirs, les magnifiques encouragements donnés aux arts, qui lui ont prodigué leurs chefs-d'œuvre ; spectacle d'une cité condamnée par les arrêts d'une fatalité impitoyable à se consumer et à périr au sein d'une lente et douloureuse agonie! Quand on a passé à côté des forteresses hérissées de canons qui composent le trop fameux quadrilatère, contre lequel les forces de l'Italie viendraient infailliblement se briser, et que l'on retrouve partout à Venise cet uniforme autrichien qui atteste son asservissement à une domination étrangère, on éprouve un serrement de cœur dont il est impossible de se défaire au milieu même des sensations délicieuses que cause la vue des monuments dont chacun réveille un souvenir historique, ou présente aux yeux une merveille de l'art. Il faut cependant faire trève à ces tristes pensées. Aussi bien n'y a-t-il pas dans tout ce qui s'est accompli pour le reste de l'Italie, depuis 1859, un motif légitime d'espérance pour la pauvre Vénétie? Ce n'est plus seulement par la guerre que doit se résoudre la grande question des nationalités. Les princes ne sont plus inaccessibles aux sentiments d'humanité et de justice. Le jour arrivera, sans doute, où l'Autriche ne croira plus son honneur attaché à la conservation, à titre onéreux, d'une province qui ne lui appartient que par le droit anti-social de la conquête.

Pourquoi l'Europe ne trouverait-elle pas le moyen de la dédommager d'une possession aussi ruineuse pour les maîtres que désastreuse pour les peuples qui n'obéissent qu'en frémissant?

J'ai été assez heureux pour voir, à Venise, tout ce qui mérite d'être vu. Mais il me faudrait un livre pour tout décrire, et ce livre a été fait et refait mille fois. D'ailleurs, quelque attention que l'on donne aux monuments, aux palais, aux églises, aux archives, aux établissements industriels de cette admirable ville, il est difficile de s'abandonner à de simples émotions artistiques; et quelque éclatants qu'y soient les souvenirs du passé, c'est toujours la pensée du présent et de l'avenir qui nous poursuit et nous obsède. Les tableaux du Titien, les fresques du Tintoret et de Paul Véronèse, les mausolées de Sansovino et de Palladio, nous toucheraient plus vivement si nous étions moins préoccupés des redoutables questions que soulève l'état actuel de la cité qui a créé toutes ces merveilles. C'est avec bonheur que l'on se laisse conduire au gré du gondolier, qui ne chante plus les vers du Tasse à travers les canaux, grands et petits, servant de rues à la ville. Mais comment passer devant des palais qui portent encore les noms des grandes familles qui figurent avec tant d'éclat dans les fastes de la République, ceux des Foscari, des Mocenigo, des Pisani, des Grimani, des Pesaro, des Giustianini, sans se demander où sont les propriétaires actuels de ces belles demeures, presque toutes abandonnées ou occupées par les diverses administrations du gouvernement autrichien? C'est dans le palais Mocenigo qu'a logé lord Byron; c'est au palais Balbi que s'est arrêté Napoléon Ier; ici habite le comte de Chambord quand il vient à Venise; là était la demeure de Taglioni; le maître d'un hôtel qui domine le port des Schiavi, montre avec fierté l'appartement qu'a occupé Georges Sand. Autrefois on parlait des fêtes somptueuses, des réunions élégantes, des bals et des concerts dont ces magnifiques demeures étaient le brillant théâtre; aujourd'hui, ce ne sont que des souvenirs mélancoliquement évoqués.

Nous avons pu visiter un de ces palais où se conservent encore les restes précieux de cette antique splendeur. Il appartient aujourd'hui à la princesse Giovanelli, que nous avions eu le regret de ne pas rencontrer, mais en l'absence de laquelle un fidèle serviteur a voulu nous faire les honneurs de sa royale demeure. En sortant d'un élégant vestibule, on est conduit par un escalier de marbre blanc dans une antichambre couverte de tableaux de famille, dus presque tous à Titien ou à Tintoret. Parmi les personnages qui figurent dans cette galerie sont plusieurs doges, ou cardinaux, portant le nom de Contarini. C'est dans la chambre à coucher de la princesse que se trouve le tableau original de la mort de la fille du Titien. Les autres appartements, dont les portes sont ornées de panneaux blancs revêtus des peintures les plus exquises, contiennent, artistement posés le long des riches tentures de velours et de soie, des tableaux ayant pour auteurs les Bassano, les Paul Véronèse, les Rosalba et autres grands artistes de l'École Vénitienne. Rien n'égale la beauté et la magnificence de ce palais, qui n'est cependant pas un des plus remarquables de Venise, mais qui peut donner une idée des merveilles que les romanciers de toutes les nations ont si souvent décrites.

L'aspect admirable qu'offre à l'extérieur le *palais ducal* causerait un plaisir bien plus vif si l'œil n'était attristé par la vue des canons rangés sous son vestibule et se tournant d'une manière menaçante du côté de la place St-Marc. Ces canons ainsi placés causent beaucoup plus d'émotion que la vue de ce fameux pont des Soupirs, et même des prisons souterraines du palais ducal, que visite tout voyageur consciencieux, et qui, soit dit en passant, ne sont nullement aussi effrayantes que les cachots que possédait tout bon château féodal au moyen-âge.

C'est en entrant dans la cour du palais des Doges, en montant l'*escalier des Géants* et l'*escalier d'Or*, en parcourant les salles immenses dont chacune rappelle de glorieux ou de dramatiques souvenirs, que l'on peut se faire une idée de la grandeur passée de Venise. Chacune des pages de son histoire a été l'objet de quelque immense tableau peint par Titien, Tintoret ou Paul Véronèse. Et quels hommages rendus par les célèbres artistes à cette belle Venise, représentée sous les emblèmes de la force, de la puissance ou de la grâce, assise avec la Justice et la Paix entre les divinités de l'Olympe dont elle égale la majesté ! Que d'heures méditatives on passerait sans se lasser dans ces salles où l'art a déployé sa puissance magique, dans ces salles du *Scrutin*, des *Ambassadeurs*, du *Collegio*, du *Conseil des Dix*, des *Quatre-Portes*, dans celle du *Grand-Conseil* où, parmi la longue série des portraits des doges, l'œil découvre une place vide, celle que devait occuper le portrait de Marino Faliero, et où se lit cette inscription : *Hic est locus Marini Falethri decapitati pro criminibus* !

Ce serait encore un bien gracieux spectacle que celui que présente la *Piazetta*, avec sa colonne portant dans les airs le lion de saint Marc, symbole insignifiant aujourd'hui ; son clocher et son élégante *logette*, autre chef-d'œuvre de Sansovino. On ne serait pas moins charmé par la vue de ces *Procuratie Nuove*, dont les arcades régulières, comme celles de notre Palais-Royal, entourent la place, qui fut autrefois le *Forum* de Venise et n'est plus maintenant qu'un lieu de promenade pour les oisifs et les étrangers. On y vient prendre des glaces au café Florian ; jeter, à certaines heures, des grains de blé de Turquie aux pigeons nourris en vertu d'un décret ancien aux frais de l'État. On y pourrait enfin venir, le soir, écouter la belle musique des régiments autrichiens ; mais on n'y vient pas, car tout bon Italien se croit obligé de quitter la place au moment où s'y installent ces honnêtes musiciens qui jouent alors pour eux et pour les étrangers. Ces pauvres enfants de l'Autriche paient cher le bonheur de camper au milieu d'une ville qui voudrait bien les renvoyer au-delà des monts. Les riches abandonnent leurs palais ; tous les théâtres sont fermés ; plus de réunions, plus de fêtes ; les officiers mis en quarantaine se promènent tristement dans les rues, sans qu'aucun habitant leur adresse la parole ; ils ont leurs cafés à eux, dans lesquels aucun Vénitien ne pourrait venir s'asseoir sans être montré au doigt. Les gens du peuple, plus gais ou plus insouciants, cachent, sous une apparence calme, des sentiments de haine qu'enflammerait la moindre étincelle. Comment pourrait-on, je le répète, ne pas voir à chaque instant se mêler des impressions pénibles aux délicieuses émotions que fait éprouver la vue des magnificences de tout genre que possède la ville, qui, plus que toute autre, conserve sa physionomie et son cachet original?

L'existence et la situation de Venise, construite tout entière sur pilotis, au sein d'une lagune immense, est déjà un bien curieux phénomène. Les quelques fugitifs qui vinrent chercher contre le terrible Attila un asile dans ces parages inabordables, ne prévoyaient pas qu'en y élevant leurs misérables cabanes, ils jetaient les fondements d'une ville qui compterait un jour plus de 200,000 habitants. L'industrie humaine a tracé des rues et des canaux, élevé des palais de marbre et de somptueuses églises, étendu sur l'eau des places publiques et des jardins, et défendu le tout contre les invasions de la mer par des travaux gigantesques. Bien que l'on ne retrouve plus dans l'admirable arsenal d'où sortaient ses flottes, et qui, après avoir réuni au XVIᵉ siècle 16,000 ouvriers, n'en a peut-être pas aujourd'hui plus de 1,200, ce vaste ensemble de travaux, cette agitation ardente, ces bruits retentissants, qui ont fourni à Dante une de ses plus remarquables comparaisons (1), on est frappé de la magnificence du plus célèbre monument de sa grandeur passée. On ne rencontre au Lido, au lieu de la foule élégante qui s'y pressait autrefois, que le souvenir des promenades solitaires qu'aimait à y faire à cheval l'excentrique auteur du *Corsaire*, de *Lara* et de

(1) Dans le XXIᵉ chant de l'*Enfer*.

Don Juan. Que sont devenus les brillants ateliers de Murano, où l'industrie vénitienne créait ces cristaux, ces perles, ces glaces qui faisaient l'admiration du monde? La vie industrielle, commerciale, artistique et politique manque donc à la belle Venise. Elle a encore, dans sa petite île de St-Lazare, son collége d'Arméniens et cette imprimerie célèbre d'où sortent de bonnes éditions de livres classiques, dans laquelle le *Páter* et le *Credo* s'impriment en trente-deux langues. Elle a ces immenses archives *des Frari*, les plus riches et les plus précieuses de l'Europe, trésor inépuisable, ouvert aux recherches des érudits; elle a sa bibliothèque de St-Marc, riche en manuscrits et en raretés bibliographiques. Mais, comme on le voit, tout cela est encore le passé; et ce qui domine irrésistiblement au milieu des sentiments que la vue de Venise fait naître dans l'âme du voyageur, c'est le contraste des splendeurs de la vie passée et des misères de l'existence présente.

Il est un lieu cependant où l'imagination est tellement saisie et l'attention si puissamment absorbée dans la contemplation du spectacle qui captive à la fois les yeux, l'intelligence et le cœur, qu'aucune préoccupation, aucun souci des choses contemporaines n'y peuvent trouver place : c'est l'église de St-Marc. Vous êtes là dans le monde de la religion et de l'art. La *Pala-d'Oro*, immense mosaïque d'or et d'argent, pur émail, placée au-dessus du maître-autel, représentant des sujets de l'Ancien et du Nouveau-Testament et de la vie de saint Marc avec des inscriptions grecques et latines, transporte la pensée à Constantinople, au milieu des Grecs du Bas-Empire ; c'est, en effet, le monument qui, avec ses figures roides, naïves et non sans grandeur, offre le spécimen le plus précieux de l'art byzantin. Mais on ne peut faire un pas dans l'immense basilique, à travers ses 500 colonnes de marbre blanc, noir, veiné de bronze, d'albâtre, de vert antique ou de serpentine, et marcher sur les rosaces aux mille couleurs dont est émaillé son pavé de jaspe et de porphyre, sans rencontrer quelque imposant débris de l'art antique, quelque brillant souvenir de conquêtes. Le bénitier repose sur un autel antique, de sculpture grecque ornée de dauphins et de tritons. Une des portes de bronze du baptistère appartenait à l'église Ste-Sophie. Devant la porte de l'église, deux

piliers couverts de caractères cophtes et d'hiéro-
glyphes proviennent, dit-on, d'un des temples
de St-Jean-d'Acre. Un groupe de porphyre,
que l'on voit sur une autre partie de la façade,
représente Harmodius et Aristogiton. C'est
encore un bien intéressant monument de l'art
antique que ces quatre chevaux de bronze qui,
après avoir été transportés comme on sait à
Paris, sont revenus prendre leur première
place sur la tribune de St-Marc, au-dessus de
la grande porte.

Les produits de l'art moderne ne sont pas
moins dignes d'admiration. La merveilleuse
porte de bronze de la sacristie, derrière l'autel,
a coûté trente années de travail à Sansovino,
qui s'y est représenté en compagnie de Titien
et de l'Arétin. C'est encore à lui que sont dus
les *quatre Évangélistes* du chœur, et un superbe
autel orné de bas-reliefs en marbre et en
bronze doré. On ne s'arrête pas avec moins
de stupéfaction devant les tombeaux de Dan-
dolo, de Marino-Faliero, de Morosini, de Gra-
denigo, et devant les statues exécutées par les
grands sculpteurs Pierre et Antoine Lombardo,
Leopardo, les frères Jacobello, Paolo delle Ma-
segne, dont les œuvres sont, au moins autant

que celles des peintres, beaucoup plus souvent mentionnés que les sculpteurs, la gloire de Venise.

Ces émotions purement artistiques, ces sentiments d'admiration qui font une heureuse diversion aux pensées d'un autre ordre que suscite l'aspect général de Venise, on les éprouve lorsque l'on visite les autres églises et que l'on parcourt les musées des *Procuratie Nuove*, ou ceux de l'*Academia dell' arti*. Les mille chefs-d'œuvre qui les décorent ont été trop souvent énumérés et décrits pour qu'il y ait, sur ce sujet, quelque chose à dire qui n'ait été déjà dit mieux et d'une manière plus complète que je ne pourrais le faire ici.

D'ailleurs, il est temps de finir. C'est seulement à propos du grand anniversaire célébré à Florence que j'ai voulu consigner, dans cet écrit, quelques-unes de mes impressions. Je me borne à celles que j'ai éprouvées en visitant Modène, Bologne et Venise. J'ai séjourné moins longtemps à Milan, à Turin, à Gênes. Les souvenirs de ce voyage, complétés par ceux que j'espère aller tôt ou tard recueillir dans le pays auquel le voyageur ne dit jamais un adieu éternel, trouveront probablement ailleurs leur place.

XVII.

JE ne puis cependant écrire la dernière page de cet opuscule sans essayer de rendre compte de l'opinion que je me suis faite de la situation intellectuelle et morale d'un pays pour lequel toute âme française ne peut s'empêcher d'éprouver une vive sympathie. Le résultat de mes observations et de mes entretiens avec les hommes qui pouvaient, à mon avis, me renseigner le plus sûrement, était, lorsque je quittais l'Italie au mois de juin dernier, une ferme confiance dans la sagesse et le bon sens pratique des Italiens. J'étais persuadé que les opinions extrêmes ne comptaient qu'un petit nombre de partisans ; que le gouvernement constitutionnel pourrait bien subir plus d'une crise, mais qu'il se consoliderait, surtout s'il persévérait dans la ligne de conduite qui lui était tracée par la mémorable convention du 15 septembre. Les événements semblent avoir jusqu'à présent justifié ces prévisions, et comme les considérations sur lesquelles elles étaient fondées n'ont rien perdu de leur importance, je crois devoir les reproduire textuellement telles que je les consignais, le 2 juillet 1865, dans un article publié par le *Moniteur du Calvados :*

« Ce n'est pas sans raison que l'Europe entière assiste, avec un intérêt toujours croissant, aux diverses péripéties des négociations que poursuit en ce moment, avec la Cour pontificale, l'envoyé du gouvernement d'Italie, M. le commandeur Vegezzi. La question n'est pas seulement importante pour le nouveau royaume à la tête duquel des événements inouïs ont placé le chef de la maison de Savoie : elle touche aux intérêts les plus sacrés du catholicisme. La mission confiée à M. Vegezzi réussira-t-elle ? Faudra-t-il, pour quelque temps encore, renoncer à voir se cimenter entre le gouvernement de l'Italie et le Père commun des fidèles cette union si désirée ? Ne restera-t-il pas quelques points délicats sur lesquels les deux puissances ne pourront jamais complètement s'entendre ? La France, enfin, impatiente de dégager la responsabilité qui pèse sur elle, pourra-t-elle bientôt, en retirant ses troupes de Rome, arriver au terme de ses sacrifices ?

« C'est avec des alternatives incessantes de crainte et d'espérance que l'opinion publique accueille les informations que lui transmettent les journaux sur ces fameuses négociations, plusieurs fois abandonnées et reprises.

« Il y aurait peut-être un moyen de prévoir, avec quelque certitude, le résultat définitif des tentatives réciproques faites par les deux pouvoirs, appelés à se trouver, tôt ou tard, seuls en présence l'un de l'autre, pour arrêter les conditions d'un accord dont tous deux ont un égal besoin : ce serait d'étudier les dispositions actuelles de l'Italie à l'égard du gouvernement pontifical. On aurait alors une idée plus nette de la manière dont le pays envisage cette question romaine, qui a donné lieu en France à des débats si irritants, et qui, aux yeux du plus grand nombre, ne paraît susceptible d'aucune espèce de solution. C'est ce que je veux essayer de faire.

« Je dirai d'abord que ce que l'on connaît le moins en France, c'est le véritable esprit de l'Italie, c'est la nature de ses aspirations et de ses tendances, c'est ce que l'on pourrait appeler son tempérament politique. On ignore premièrement qu'il n'est pas en ce moment, en Europe, un peuple chez lequel se pratique d'une manière plus complète et plus large le droit de discussion et de réunion ; que la liberté de la presse y est presque illimitée, et que les journaux politiques, dont le nombre s'accroît tous les jours, s'y expriment sur les hommes et sur les choses avec une indépendance entière.

« C'est par eux, tout naturellement, que nous jugeons les sentiments de l'Italie. Or, la presse italienne, il faut bien le reconnaître, ayant les yeux toujours fixés sur le but que ses principaux organes voudraient atteindre, tient en général peu de compte des difficultés à vaincre, des intérêts mis en jeu, des droits ou des prétentions des partis contraires. Elle semble ignorer qu'au temps seul appartient la solution des plus grands problèmes de la politique humaine, condamnée à ne procéder, même après que la guerre semblerait avoir tranché toutes les difficultés, qu'au moyen de tempéraments, de transactions, de concessions, choses qui ne s'accordent guère avec la fiévreuse impatience des publicistes théoriciens. S'emparer de Rome, puis attaquer résolûment les soldats de l'Autriche cantonnés dans leur formidable quadrilatère, délivrer Venise, pacifier la Sicile et les Abruzzes, constituer enfin d'une manière définitive l'unité de l'Italie : telle est la seule politique à laquelle devrait s'attacher le gouvernement du roi Victor-Emmanuel !

« Voilà ce que répètent sur tous les tons les grands journaux de l'opposition, tandis que d'autres feuilles armées à la légère poursuivent de leurs railleries mordantes, de leurs accusations insultantes, de leurs caricatures plus ou moins spirituelles, ceux des ministres et des hommes d'État qui ne paraissent pas disposés à se laisser entraîner par les conseils d'une politique aventureuse.

« Je viens de voir de près la société italienne ; j'ai pu étudier les dispositions des classes inférieures, assister aux débats des Chambres, causer avec quelques-uns des hommes qui sont à la tête des affaires du pays, et j'ai pu distinguer parfaitement les sentiments réels de la nation elle-même, d'avec les opinions émises par quelques-uns de ses écrivains. Je voudrais, avant tout, essayer de dissiper les préjugés que fait naître une confusion trop généralement répandue.

« On ne peut avoir vécu quelque temps avec

les Italiens sans reconnaître en eux une intelligence vive et prompte, unie à un grand
fonds de bon sens et de prudence et à un vif
attachement pour leur pays. Leur patriotisme
se fonde sur ces antiques souvenirs de domination universelle que rappelle le nom de
Rome ; sur les glorieuses traditions qui font
de l'Italie la terre classique des arts, des sciences
et des lettres ; et ils ne sont nullement in-
sensibles, croyez-le bien, à l'éclat incompa-
rable qu'a jeté sur leur nation l'établissement
de cette Papauté, considérée aujourd'hui par
quelques-uns d'entre eux comme un obstacle
à l'accomplissement des nouvelles destinées
de l'Italie.

« L'admirable pays qu'ils habitent, objet des
perpétuelles convoitises des autres peuples de
l'Europe, a servi de théâtre, personne ne
l'ignore, à des guerres sanglantes, suivies
de partages et de subdivisions administratives
et territoriales, qui sembleraient avoir élevé,
entre les habitants du nord, du centre et du
midi de l'Italie, des barrières infranchissables
et d'indomptables antipathies. Mais, qu'on ne
s'y trompe pas : les peuples de la Péninsule,
malgré tout le soin qu'on a pris d'entretenir

entre eux des rivalités ennemies, n'ont jamais cessé de se considérer comme appartenant à une même nation et comme ayant une patrie commune. L'espérance de voir, enfin, cette patrie une et indépendante a toujours été l'idéal poursuivi par leurs poètes, leurs philosophes et leurs publicistes, et l'Italie a tressailli, des Alpes à la Méditerranée, toutes les fois qu'elle a cru toucher au moment où se réaliserait le plus cher de ses vœux.

« Reconnaissons, toutefois, que ses aspirations vers l'unité auraient été longtemps encore frappées d'impuissance, si les esprits et les cœurs n'avaient été mus par un de ces sentiments énergiques qui dominent tous les autres et triomphent de toutes les répugnances individuelles : ce sentiment, c'est le besoin de se délivrer de l'occupation étrangère. La domination autrichienne a rendu, par l'excès même de sa tyrannie, cet immense service aux différents États de l'Italie, qu'elle les a tous réunis dans une haine commune contre ses oppresseurs. Le besoin de s'allier pour rejeter hors du pays des maîtres impérieux a appris aux Milanais, aux Turinois, aux Florentins, aux Bolonais, aux Napolitains, aux Siciliens, qu'ils étaient frères.

« Mais malgré la prétention si fièrement pro-
clamée par l'héroïque et téméraire Charles-
Albert, déclarant que l'Italie se suffirait à elle-
même pour opérer son affranchissement,
Italia fara da se, elle a bien été forcée de
reconnaître son impuissance, et il a fallu que
Napoléon III jetât dans la balance une épée
toujours victorieuse pour que l'Italie conquît
enfin son indépendance et sa liberté. Cette
conquête inespérée, l'Italie fera désormais les
efforts les plus énergiques pour la conserver.

« Et, d'abord, au risque même de se voir
abandonnée par la nation généreuse à laquelle
elle devait son affranchissement, elle n'a pas
voulu de cette confédération de principautés
soumises à des autorités différentes, qu'elle
considérait comme devant offrir encore à
l'Autriche de perpétuelles occasions de s'immiscer dans ses affaires.

« L'Europe a dû voir avec quelque surprise
s'établir, comme par enchantement, l'union
la plus cordiale entre tous les États de la
Péninsule. Sauf la question de la Vénétie,
qui attend encore sa délivrance, il ne restait
plus, à la fin de l'année dernière, de difficulté
sérieuse que celle de la réconciliation de la

Cour de Rome avec le nouveau royaume d'Italie. Cette réconciliation si désirée, la politique généreuse et prévoyante de l'Empereur a fourni à l'Italie le moyen de l'opérer. Il a dicté la mémorable convention du 15 septembre: Florence sera la capitale du royaume d'Italie ; Rome restera la capitale du monde chrétien.

« Ne nous laissons pas égarer par quelques-unes de ces manifestations ou de ces protestations isolées, dont on a fait grand bruit, et qui se sont promptement perdues au bruit des adhésions éclatantes données, de tous côtés, à la seule solution possible, pour le moment, d'une des plus importantes questions qu'aient agitées les temps modernes.

« Avec cette promptitude d'esprit et cette vivacité d'imagination qui les caractérisent, les Italiens ont compris qu'en renonçant à Rome et en cessant de faire la guerre au pouvoir pontifical, ils assuraient à jamais l'établissement de l'unité italienne, et fermaient pour toujours l'entrée de l'Italie à l'occupation étrangère. Turin a déposé héroïquement sa couronne de ville capitale ; ses habitants ont vu s'effectuer, avec une magnanimité que l'on n'a pas assez admirée, cet immense transbordement qui, en quelques mois, a fait passer à Florence son Sénat, son Corps législatif, ses cours souveraines, ses grandes administrations, une armée d'employés, une foule de chefs d'industrie. Le vide s'est fait dans ses palais, récemment construits, dans ses magasins somptueux, dans ses hôtels enrichis par l'or des étrangers, et la belle Florence, la cité des Médicis, le riant jardin, en même temps que le splendide musée artistique de l'Italie, s'est trouvée tout à coup transformée en capitale d'un grand royaume.

« J'ai été témoin, dans la première de ces villes, de la résignation stoïque avec laquelle les populations ont vu partir leur roi bien-aimé se dirigeant vers sa capitale nouvelle comme vers un brillant exil ; et j'ai pu entendre, dans la seconde, les accents joyeux avec lesquels les représentants de toutes les villes de l'Italie, réunis autour de la statue de leur grand poète national, ont salué l'arrivée de Victor-Emmanuel. C'était une consécration solennelle de la clause la plus importante du traité du 15 septembre.

« Mais ce n'est pas seulement d'après les acclamations enthousiastes qui se produisent

ordinairement sous l'influence électrique des
fêtes populaires, que l'on peut apprécier les
dispositions de l'Italie à l'égard de cette convention célèbre. Je crois être en mesure
d'affirmer qu'il n'est pas, en ce moment, un
Italien de quelque valeur qui ne reconnaisse
que Florence est la seule capitale possible de
l'Italie, et qui ne comprenne parfaitement la
nécessité de renoncer à Rome. Et ce n'est pas
ici une de ces hypocrisies politiques, une de
ces ruses de guerre au moyen desquelles les
disciples de Machiavel ne feignent d'accepter
les faits présents que pour mieux cacher leur
jeu et se réserver toutes les chances de l'avenir.
Sans parler des sentiments religieux qui, pour
tous les Italiens demeurés fidèles aux croyances
de leurs pères, sont un motif suffisant pour
tenir invariablement à Rome, j'ai entendu
partout soutenir par d'excellentes raisons que
le maintien du siége de la papauté à Rome,
et la possession laissée au chef de l'Église d'un
domaine territorial suffisant pour assurer son
indépendance, ne pourraient être que favorables à la prospérité du nouveau royaume; que
la ville des ruines de l'antique cité romaine,
la ville des martyrs, la ville aux 350 églises,

la ville qui doit toutes ses splendeurs aux papes, ne peut appartenir qu'au successeur de saint Pierre ; qu'au point de vue des intérêts matériels, les splendeurs du Vatican et l'affluence des étrangers qui viennent de tous les points du monde y recevoir la bénédiction du Saint-Père, sont pour le pays une source de richesse que rien ne pourrait remplacer.

« Qu'on juge, d'après cette simple donnée, de l'empressement avec lequel ont été accueillies les premières avances du Saint-Père à Victor-Emmanuel ! L'Italie allait donc pouvoir, sans intermédiaire, s'expliquer avec le Souverain-Pontife sur leurs intérêts communs ! Une entente cordiale était donc possible sans qu'il fût nécessaire qu'une armée française veillât l'arme au bras, dans la ville éternelle, pour y maintenir la paix et y sauvegarder les intérêts religieux du monde ! Le premier pas était fait, la glace était rompue entre la nouvelle royauté de fait et le représentant du droit éternel, auquel sa qualité de Souverain-Pontife ne peut faire oublier son titre d'Italien !

« Ce fait significatif a été saisi par les habitants de l'Italie dans toute sa portée, et la mission donnée au commandeur Vegezzi les a pénétrés de joie et d'espérance.

« J'aurais bien des détails à donner, si je voulais appuyer par des preuves les diverses assertions que contient cette lettre, déjà trop longue. Je me bornerai à en tirer la conclusion. La voici, dans toute sa simplicité. Quel que soit le résultat des négociations dont a été chargé M. Vegezzi, je suis persuadé que, tôt ou tard, le Pape et l'Italie sauront bien trouver les moyens de s'entendre. Le gouvernement du roi Victor-Emmanuel fera toutes les concessions possibles pour atteindre le but désiré. Il ne s'agit sans doute aujourd'hui que d'une question de discipline religieuse. Mais, en fait, le Pape a reconnu l'existence du royaume d'Italie, et c'est déjà un résultat immense. Sa conscience lui a inspiré des scrupules. Attendez-vous à voir prochainement le gouvernement renoncer volontairement à cette clause du serment. Il en dispensera aussi bien les évêques du Piémont que ceux des nouvelles provinces. La presse jettera les hauts cris contre une concession qu'elle considérera comme un acte de faiblesse ; elle finira par en prendre bravement son parti. En acceptant Florence pour capitale et en renonçant à Rome, les Italiens comprennent qu'ils doivent à tout prix s'entendre avec Rome. De son côté, le gouvernement pontifical connaît parfaitement ces sages dispositions, et il agit en conséquence. La seule chose à craindre, c'est qu'il n'impose au gouvernement italien des conditions trop dures... Mais il faut s'en rapporter, sur ce point, aux inspirations patriotiques du vénérable Pie IX et à la prudence traditionnelle de la Cour romaine. »

P.-S. Au moment où je donne le *bon à tirer* pour la dernière feuille de ce livre, la question italienne vient de se poser d'une manière plus saisissante que jamais. L'Autriche, menacée par la Prusse, a couvert la Vénétie de ses soldats, prévoyant bien que les Italiens saisiraient cette occasion pour tenter un dernier effort et achever leur affranchissement. L'Italie tout entière court aux armes ; l'Autriche se prépare à défendre sa conquête avec un acharnement égal à celui qu'on montrera pour la lui arracher.

L'Europe s'est émue en présence de la lutte terrible pour laquelle trois grandes nations font des préparatifs formidables. Leur conflit pouvait devenir le signal d'une conflagration générale : la voix de l'Empereur des Français s'est fait entendre, et l'annonce d'une réunion des représentants de l'Europe a déjà suspendu les hostilités.

Ah ! fasse le Ciel que ce congrès pacifique parvienne

à donner satisfaction aux prétentions légitimes des peuples ! Puisse-t-il effacer les derniers vestiges des odieux traités de 1815, mettre un terme aux ambitions coupables et placer sur une base inébranlable le nouveau droit public de l'Europe !

Paris, 4 juin 1866.

www.ingramcontent.com/pod-product-compliance
Ingram Content Group UK Ltd.
Pitfield, Milton Keynes, MK11 3LW, UK
UKHW022037070726
13613UKWH00002B/564